Il principe
Machiavelli, Niccolò

Riguardo a Machiavelli:

Niccolò di Bernardo dei Machiavelli (May 3, 1469 – June 21, 1527) was an Italian political philosopher, musician, poet, and romantic comedic playwright. He is a figure of the Italian Renaissance and a central figure of its political component, most widely known for his treatises on realist political theory (The Prince) on the one hand and republicanism (Discourses on Livy) on the other.

NICOLAUS MACLAVELLUS AD MAGNIFICUM LAURENTIUM MEDICEM. [Nicolò Machiavelli al Magnifico Lorenzo de' Medici]

Sogliono, el più delle volte, coloro che desiderano acquistare grazia appresso uno Principe, farseli incontro con quelle cose che infra le loro abbino più care, o delle quali vegghino lui più delettarsi; donde si vede molte volte essere loro presentati cavalli, arme, drappi d'oro, prete preziose e simili ornamenti, degni della grandezza di quelli. Desiderando io adunque, offerirmi, alla vostra Magnificenzia con qualche testimone della servitù mia verso di quella, non ho trovato intra la mia suppellettile cosa, quale io abbia più cara o tanto esístimi quanto la cognizione delle azioni delli uomini grandi, imparata con una lunga esperienzia delle cose moderne et una continua lezione delle antique: le quali avendo io con gran diligenzia lungamente escogitate et esaminate, et ora in uno piccolo volume ridotte, mando alla Magnificenzia Vostra. E benché io iudichi questa opera indegna della presenzia di quella, tamen confido assai che per sua umanità li debba essere accetta, considerato come da me non li possa esser fatto maggiore dono, che darle facultà di potere in brevissimo tempo intendere tutto quello che io in tanti anni e con tanti mia disagi e periculi ho conosciuto. La quale opera io non ho ornata né ripiena di clausule ample, o di parole ampullose e magnifiche, o di qualunque altro lenocinio o ornamento estrinseco con li quali molti sogliono le loro cose descrivere et ornare; perché io ho voluto, o che veruna cosa la onori, o che solamente la varietà della materia e la gravità del subietto la facci grata. Né voglio sia reputata presunzione se uno uomo di basso et infimo stato ardisce discorrere e regolare e' governi de' principi; perché, cosí come coloro che disegnono e' paesi si pongano bassi nel piano a considerare la natura de' monti e de' luoghi alti, e per considerare quella de' bassi si pongano alto sopra monti, similmente, a conoscere bene la natura de' populi, bisogna essere principe, et a conoscere bene quella de' principi, bisogna essere populare.

Pigli, adunque, Vostra Magnificenzia questo piccolo dono con quello animo che io lo mando; il quale se da quella fia diligentemente considerato e letto, vi conoscerà drento uno estremo mio desiderio, che Lei pervenga a quella grandezza che la fortuna e le altre sue qualità li promettano. E, se Vostra Magnificenzia dallo apice della sua altezza qualche volta volgerà li occhi in questi luoghi bassi, conoscerà quanto io indegnamente sopporti una grande e continua malignità di fortuna.

 1

Quot sint genera principatuum et quibus modis acquirantur. [Di quante ragioni sieno e' principati, e in che modo si acquistino]

Tutti li stati, tutti e' dominii che hanno avuto et hanno imperio sopra li uomini, sono stati e sono o repubbliche o principati. E' principati sono o ereditarii, de' quali el sangue del loro signore ne sia suto lungo tempo principe, o e' sono nuovi. E' nuovi, o sono nuovi tutti, come fu Milano a Francesco Sforza, o sono come membri aggiunti allo stato ereditario del principe che li acquista, come è el regno di Napoli al re di Spagna. Sono questi dominii cosí acquistati, o consueti a vivere sotto uno principe,o usi ad essere liberi; et acquistonsi, o con le armi d'altri o con le proprie, o per fortuna o per virtù.

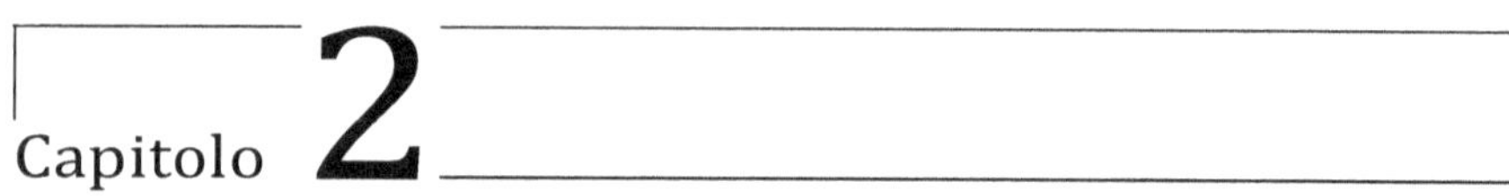

Capitolo **2**

De principatibus hereditariis. [De' principati ereditarii]

Io lascerò indrieto el ragionare delle repubbliche, perché altra volta ne ragionai a lungo. Volterommi solo al principato, et andrò tessendo li orditi soprascritti, e disputerò come questi principati si possino governare e mantenere.

Dico, adunque, che nelli stati ereditarii et assuefatti al sangue del loro principe sono assai minori difficultà a mantenerli che ne' nuovi; perché basta solo non preterire l'ordine de' sua antinati, e di poi temporeggiare con li accidenti; in modo che, se tale principe è di ordinaria industria, sempre si manterrà nel suo stato, se non è una estraordinaria et eccessiva forza che ne lo privi, e privato che ne fia, quantunque di sinistro abbi l'occupatore, lo riacquista.

Noi abbiamo in Italia, in exemplis, el duca di Ferrara, il quale non ha retto alli assalti de' Viniziani nello 84, né a quelli di papa Iulio nel 10, per altre cagioni che per essere antiquato in quello dominio. Perché el principe naturale ha minori cagioni e minore necessità di offendere: donde conviene che sia più amato; e se estraordinarii vizii non lo fanno odiare, è ragionevole che naturalmente sia benevoluto da' sua. E nella antiquità e continuazione del dominio sono spente le memorie e le cagioni delle innovazioni: perché sempre una mutazione lascia lo addentellato per la edificazione dell'altra.

Capitolo 3

De principatibus mixtis. [De' principati misti]

Ma nel principato nuovo consistono le difficultà. E prima, se non è tutto nuovo, ma come membro, che si può chiamare tutto insieme quasi misto, le variazioni sua nascono in prima da una naturale difficultà, la quale è in tutti e' principati nuovi: le quali sono che li uomini mutano volentieri signore, credendo migliorare; e questa credenza gli fa pigliare l'arme contro a quello; di che s'ingannono, perché veggono poi per esperienzia avere peggiorato. Il che depende da un'altra necessità naturale et ordinaria, quale fa che sempre bisogni offendere quelli di chi si diventa nuovo principe, e con gente d'arme, e con infinite altre iniurie che si tira dietro el nuovo acquisto; in modo che tu hai inimici tutti quelli che hai offesi in occupare quello principato, e non ti puoi mantenere amici quelli che vi ti hanno messo, per non li potere satisfare in quel modo che si erano presupposto e per non potere tu usare contro di loro medicine forti, sendo loro obligato; perché sempre, ancora che uno sia fortissimo in sulli eserciti, ha bisogno del favore de' provinciali a intrare in una provincia. Per queste ragioni Luigi XII re di Francia occupò subito Milano, e subito lo perdé; e bastò a torgnene,la prima volta le forze proprie di Lodovico; perché quelli populi che li aveano aperte le porte, trovandosi ingannati della opinione loro e di quello futuro bene che si avevano presupposto, non potevono sopportare e' fastidii del nuovo principe.

È ben vero che, acquistandosi poi la seconda volta e' paesi rebellati, si perdono con più difficultà; perché el signore, presa occasione dalla rebellione, è meno respettivo ad assicurarsi con punire e' delinquenti, chiarire e' sospetti, provvedersi nelle parti più deboli. In modo che, se a fare perdere Milano a Francia bastò, la prima volta, uno duca Lodovico che romoreggiassi in su' confini, a farlo di poi perdere la seconda li bisognò avere, contro, el mondo tutto, e che li eserciti sua fussino spenti o fugati di Italia: il che nacque dalle cagioni sopradette. Non di manco, e la prima e la seconda volta, li fu tolto. Le cagioni universali della prima si sono discorse: resta ora a dire quelle della seconda, e vedere che remedii lui ci aveva, e quali ci può avere uno che fussi ne' termini sua, per potersi mantenere meglio nello acquisto che non fece Francia. Dico, per tanto che questi stati, quali acquistandosi si aggiungono a uno stato antiquo di quello che acquista, o sono della medesima provincia e della medesima lingua, o non sono. Quando e' sieno, è facilità grande a tenerli, massime quando non sieno usi a vivere liberi; et a possederli securamente basta avere spenta la linea del principe che li dominava, perché nelle altre cose, mantenendosi loro le condizioni vecchie e non vi essendo disformità di costumi, li uomini si vivono quietamente; come s'è visto che ha fatto la Borgogna, la Brettagna, la Guascogna e la Normandia, che tanto tempo sono state con Francia; e benché vi sia qualche disformità di lingua, non di manco e' costumi sono simili, e possonsi fra loro facilmente comportare. E chi le acquista, volendole tenere, debbe avere dua respetti: l'uno, che il sangue del loro principe antiquo si spenga; l'altro, di non alterare né loro legge né loro dazii; talmente che in brevissimo tempo diventa, con loro principato antiquo, tutto uno corpo.

Ma, quando si acquista stati in una provincia disforme di lingua, di costumi e di ordini, qui sono le difficultà; e qui bisogna avere gran fortuna e grande industria a tenerli; et uno de' maggiori remedii e più vivi sarebbe che la persona di chi acquista vi andassi ad abitare. Questo farebbe più secura e più durabile quella possessione: come ha fatto el Turco, di Grecia; il quale, con tutti li altri ordini osservati da lui per tenere quello stato, se non vi fussi ito ad abitare, non era possibile che lo tenessi. Perché, standovi, si veggono nascere e' disordini, e presto vi puoi rimediare; non vi stando, s'intendono quando sono grandi e non vi è più remedio. Non è, oltre a questo, la provincia spogliata da' tua officiali; satisfannosi e' sudditi del ricorso propinquo al principe; donde hanno più cagione di amarlo, volendo esser buoni, e, volendo essere altrimenti, di temerlo. Chi delli esterni volessi assaltare quello stato, vi ha più respetto; tanto che, abitandovi, lo può con grandissima difficultà perdere.

L'altro migliore remedio è mandare colonie in uno o in duo luoghi che sieno quasi compedi di quello stato; perché è necessario o fare questo o tenervi assai gente d'arme e fanti. Nelle colonie non si spende molto; e sanza sua spesa, o poca, ve le manda e tiene; e solamente offende coloro a chi toglie e' campi e le case, per darle a' nuovi abitatori, che sono una minima parte di quello stato; e quelli ch'elli offende, rimanendo dispersi e poveri, non li possono mai nuocere; e tutti li altri rimangono da uno canto inoffesi, e per questo doverrebbono quietarsi, dall'altro paurosi di non errare, per timore che non intervenissi a loro come a quelli che sono stati spogliati. Concludo che queste colonie non costono, sono più fedeli, etoffendono meno; e li offesi non possono nuocere sendo poveri e dispersi, come è detto. Per il che si ha a notare che li uomini si debbono o vezzeggiare o spegnere; perché si vendicano delle leggieri offese, delle gravi non possono: sí che l'offesa che si fa all'uomo debbe essere in modo che la non tema la vendetta. Ma tenendovi, in cambio di colonie, gente d'arme si spende più assai, avendo a consumare nella guardia tutte le intrate di quello stato; in modo che lo acquisto li torna perdita, et offende molto più, perché nuoce a tutto quello stato, tramutando con li alloggiamenti el suo esercito; del quale disagio ognuno ne sente, e ciascuno li diventa inimico; e sono inimici che li possono nuocere rimanendo battuti in casa loro. Da ogni parte dunque questa guardia è inutile, come quella delle colonie è utile.

Debbe ancora chi è in una provincia disforme come è detto, farsi capo e defensore de' vicini minori potenti, et ingegnarsi di indebolire e' potenti di quella, e guardarsi che per accidente alcuno non vi entri uno forestiere potente quanto lui. E sempre interverrà che vi sarà messo da coloro che saranno in quella malcontenti o per troppa ambizione o per paura: come si vidde già che li Etoli missono e' Romani in Grecia; et in ogni altra provincia che li entrorono, vi furono messi da' provinciali. E l'ordine delle cose è, che subito che uno forestiere potente entra in una provincia, tutti quelli che sono in essa meno potenti li aderiscano, mossi da invidia hanno contro a chi è suto potente sopra di loro; tanto che, respetto a questi minori potenti, lui non ha a durare fatica alcuna a guadagnarli, perché subito tutti insieme fanno uno globo col suo stato che lui vi ha acquistato. Ha solamente a pensare che non piglino troppe forze e   troppa autorità; e facilmente può, con le forze sua e col favore loro sbassare quelli che sono potenti, per rimanere in tutto arbitro di quella provincia. E chi non governerà bene questa parte, perderà presto quello che arà acquistato; e, mentre che lo terrà, vi arà dentro infinite difficultà e fastidii.

E' Romani, nelle provincie che pigliorono, osservorono bene queste parti; e mandorono le colonie, intratennono e' men potenti sanza crescere loro potenzia, abbassorono e' potenti, e non vi lasciorono prendere reputazione a' potenti forestieri. E voglio mi basti solo la provincia di Grecia per esemplo. Furono intrattenuti da loro li Achei e li Etoli; fu abbassato el regno de' Macedoni; funne cacciato Antioco; né mai e' meriti delli Achei o delli Etoli fecione che permettessino loro accrescere alcuno stato; né le persuasioni di Filippo l'indussono mai ad esserli amici sanza sbassarlo; né la potenzia di Antioco possé fare li consentissino che tenessi in quella provincia alcuno stato. Perché e' Romani fecione, in questi casi, quello che tutti e' principi savi debbono fare: li quali, non solamente hanno ad avere riguardo alli scandoli presenti, ma a' futuri, et a quelli con ogni industria ovviare; perché, prevedendosi discosto, facilmente vi si può rimediare; ma, aspettando che ti si appressino, la medicina non è a tempo, perché la malattia è diventata incurabile. Et interviene di questa come dicono e' fisici dello etico, che nel principio del suo male è facile a curare e difficile a conoscere, ma, nel progresso del tempo, non l'avendo in principio conosciuta né medicata, diventa facile a conoscere e difficile a curare. Cosí interviene nelle cose di stato; perché, conoscendo discosto, il che non è dato se non a uno prudente, e' mali che nascono in quello, si guariscono presto; ma quando, per non li avere conosciuti si lascion crescere in modo che ognuno li conosce, non vi è più remedio.

Però e' Romani, vedendo discosto l'inconvenienti, vi rimediorono sempre; e non li lasciorono mai seguire per fuggire una guerra, perché sapevano che la guerra non si lieva, ma si differisce a vantaggio d'altri; però vollono fare con Filippo et Antioco guerra in Grecia per non la avere a fare con loro in Italia; e potevano per allora fuggire l'una e l'altra; il che non vollono. Né piacque mai loro quello che tutto dí è in bocca de' savî de' nostri tempi, di godere el benefizio del tempo, ma sí bene quello della virtù e prudenza loro; perché el tempo si caccia innanzi ogni cosa, e può condurre seco bene come male, e male come bene.

Ma torniamo a Francia, et esaminiamo se delle cose dette ne ha fatta alcuna; e parlerò di Luigi, e non di Carlo come di colui che, per avere tenuta più lunga possessione in Italia, si sono meglio visti e' sua progressi: e vedrete come elli ha fatto el contrario di quelle cose che si debbono fare per tenere uno stato disforme.

El re Luigi fu messo in Italia dalla ambizione de' Viniziani, che volsono guadagnarsi mezzo lo stato di Lombardia per quella venuta. Io non voglio biasimare questo partito preso dal re; perché, volendo cominciare a mettere uno piè in Italia, e non avendo in questa provincia amici, anzi sendoli, per li portamenti del re Carlo, serrate tutte le porte, fu forzato prendere quelle amicizie che poteva: e sarebbeli riuscito el partito ben preso, quando nelli altri maneggi non avessi fatto errore alcuno. Acquistata, adunque, el re la Lombardia, si riguadagnò subito quella reputazione che li aveva tolta Carlo: Genova cedé; Fiorentini li diventorono amici; Marchese di Mantova, Duca di Ferrara, Bentivogli, Madonna di Furlí, Signore di Faenza, di Pesaro, di Rimino, di Camerino, di Piombino, Lucchesi, Pisani, Sanesi, ognuno se li fece incontro per essere suo amico. Et allora posserno considerare Viniziani la temerità del partito preso da loro; li quali, per acquistare dua terre in Lombardia, feciono signore, el re, di dua terzi di Italia.

Consideri ora uno con quanta poca difficultà posseva il re tenere in Italia la sua reputazione, se elli avessi osservate le regole soprascritte, e tenuti securi e difesi tutti quelli sua amici, li quali, per essere gran numero e deboli e paurosi, chi della Chiesia, chi de' Viniziani, erano sempre necessitati a stare seco; e per il mezzo loro poteva facilmente assicurarsi di chi ci restava grande. Ma lui non prima fu in Milano, che fece il contrario, dando aiuto a papa Alessandro, perché elli occupassi la Romagna. Né si accorse, con questa deliberazione, che faceva sé debole, togliendosi li amici e quelli che se li erano gittati in grembo, e la Chiesa grande, aggiugnendo allo spirituale, che gli dà tanta autorità, tanto temporale. E, fatto uno primo errore, fu costretto a seguitare; in tanto che, per porre fine alla ambizione di Alessandro e perché non divenissi signore di Toscana, fu forzato venire in Italia. Non li bastò avere fatto grande la

Chiesia e toltisi li amici, che, per volere il regno di Napoli, lo divise con il re di Spagna; e, dove lui era prima arbitro d'Italia e' vi misse uno compagno, a ciò che li ambiziosi di quella provincia e mal contenti di lui avessino dove ricorrere; e, dove posseva lasciare in quello regno uno re suo pensionario, e' ne lo trasse, per mettervi uno che potessi cacciarne lui.

È cosa veramente molto naturale et ordinaria desiderare di acquistare; e sempre, quando li uomini lo fanno che possano, saranno laudati, o non biasimati; ma, quando non possono, e vogliono farlo in ogni modo, qui è l'errore et il biasimo. Se Francia, adunque posseva con le forze sua assaltare Napoli, doveva farlo; se non poteva, non doveva dividerlo. E se la divisione fece, co' Viniziani, di Lombardia meritò scusa, per avere con quella messo el piè in Italia, questa merita biasimo, per non essere escusata da quella necessità.

Aveva, dunque, Luigi fatto questi cinque errori: spenti e' minori potenti; accresciuto in Italia potenzia a uno potente, messo in quella uno forestiere potentissimo, non venuto ad abitarvi non vi messo colonie. E' quali errori ancora, vivendo lui, possevano non lo offendere, se non avessi fatto el sesto, di tòrre lo stato a' Viniziani: perché, quando non avessi fatto grande la Chiesia né messo in Italia Spagna, era ben ragionevole e necessario abbassarli; ma avendo preso quelli primi partiti, non doveva mai consentire alla ruina loro: perché, sendo quelli potenti, arebbono sempre tenuti li altri discosto dalla impresa di Lombardia, sí perché Viniziani non vi arebbono consentito sanza diventarne signori loro, sí perché li altri non arebbono voluto torla a Francia per darla a loro, et andare a urtarli tutti e dua non arebbono avuto animo. E se alcuno dicesse: el re Luigi cedé ad Alessandro la Romagna et a Spagna el Regno per fuggire una guerra; respondo, con le ragioni dette di sopra, che non si debbe mai lasciare seguire uno disordine per fuggire una guerra, perché la non si fugge, ma si differisce a tuo disavvantaggio. E se alcuni altri allegassino la fede che il re aveva data al papa, di fare per lui quella impresa, per la resoluzione del suo matrimonio e il cappello di Roano, respondo con quello che per me di sotto si dirà circa la fede de' principi e come la si debbe osservare. Ha perduto, adunque, el re Luigi la Lombardia per non avere osservato alcuno di quelli termini osservati da altri che hanno preso provincie e volutole tenere. Né è

miraculo alcuno questo, ma molto ordinario e ragionevole. E di
questa materia parlai a Nantes con Roano, quando il Valentino,
che cosí era chiamato popularmente Cesare Borgia, figliuolo di
papa Alessandro, occupava la Romagna; perché, dicendomi el
cardinale di Roano che li Italiani non si intendevano della guerra, io li risposi che e' Franzesi non si intendevano dello stato;
perché, se se n'intendessino, non lascerebbono venire la Chiesia in tanta grandezza. E per esperienzia s'è visto che la grandezza, in Italia, di quella e di Spagna è stata causata da Francia, e la ruina sua causata da loro. Di che si cava una regola
generale, la quale mai o raro falla: che chi è cagione che uno
diventi potente, ruina; perché quella potenzia è causata da colui o con industria o con forza; e l'una e l'altra di queste dua è
sospetta a chi è diventato potente.

Capitolo 4

Cur Darii regnum quod Alexander occupaverat a successoribus suis post Alexandri mortem non defecit. [Per qual cagione il regno di Dario, il quale da Alessandro fu occupato, non si ribellò da' sua successori dopo la morte di Alessandro]

Considerate le difficultà le quali si hanno a tenere uno stato di nuovo acquistato, potrebbe alcuno maravigliarsi donde nacque che Alessandro Magno diventò signore della Asia in pochi anni, e, non l'avendo appena occupata, morí; donde pareva ragionevole che tutto quello stato si rebellassi; non di meno e' successori di Alessandro se lo mantennono, e non ebbono a tenerlo altra difficultà che quella che infra loro medesimi, per ambizione propria, nacque. Respondo come e' principati de' quali si ha memoria, si truovano governati in dua modi diversi: o per uno principe, e tutti li altri servi, e' quali come ministri per grazia e concessione sua, aiutono governare quello regno; o per uno principe e per baroni, li quali, non per grazia del signore, ma per antiquità di sangue tengano quel grado. Questi tali baroni hanno stati e sudditi proprii, li quali ricognoscono per signori et hanno in loro naturale affezione. Quelli stati che si governono per uno principe e per servi hanno el loro principe con più autorità; perché in tutta la sua provincia non è alcuno che riconosca per superiore se non lui; e se obediscano alcuno altro, lo fanno come ministro et offiziale, e non li portano particulare amore.

Li esempli di queste dua diversità di governi sono, ne' nostri tempi, el Turco et il re di Francia. Tutta la monarchia del Turco è governata da uno signore, li altri sono sua servi; e, distinguendo el suo regno in Sangiachi, vi manda diversi amministratori, e li muta e varia come pare a lui. Ma el re di Francia è posto in mezzo d'una moltitudine antiquata di signori, in quello stato riconosciuti da' loro sudditi et amati da quelli: hanno le loro preeminenzie: non le può il re tòrre loro sanza suo periculo. Chi considera adunque l'uno e l'altro di questi stati, troverrà difficultà nello acquistare lo stato del Turco, ma, vinto che sia, facilità grande a tenerlo. Le cagioni della difficultà in potere occupare el regno del Turco sono per non potere essere chiamato da' principi di quello regno, né sperare, con la rebellione di quelli ch'egli ha d'intorno, potere facilitare la sua impresa: il che nasce dalle ragioni sopradette. Perché sendoli tutti stiavi et obbligati, si possono con più difficultà corrompere; e, quando bene si corrompessino, se ne può sperare poco utile, non possendo quelli tirarsi drieto e' populi per le ragioni assignate. Onde, chi assalta il Turco, è necessario pensare di averlo a trovare unito; e li conviene sperare più nelle forze proprie che ne' disordini d'altri. Ma, vinto che fussi e rotto alla campagna in modo che non possa rifare eserciti, non si ha a dubitare d'altro che del sangue del principe; il quale spento, non resta alcuno di chi si abbia a temere, non avendo li altri credito con li populi: e come el vincitore, avanti la vittoria, non poteva sperare in loro, cosí non debbe, dopo quella, temere di loro.

El contrario interviene ne' regni governati come quello di Francia, perché con facilità tu puoi intrarvi, guadagnandoti alcuno barone del regno; perché sempre si truova de' malicontenti e di quelli che desiderano innovare. Costoro, per le ragioni dette, ti possono aprire la via a quello stato e facilitarti la vittoria; la quale di poi, a volerti mantenere, si tira drieto infinite difficultà, e con quelli che ti hanno aiutato e con quelli che tu hai oppressi. Né ti basta spegnere el sangue del principe; perché vi rimangono quelli signori che si fanno capi delle nuove alterazioni; e, non li potendo né contentare né spegnere, perdi quello stato qualunque volta venga la occasione.

Ora, se voi considerrete di qual natura di governi era quello di Dario, lo troverrete simile al regno del Turco; e però ad Alessandro fu necessario prima urtarlo tutto e tòrli la campagna: dopo la quale vittoria, sendo Dario morto, rimase ad Alessandro quello stato sicuro, per le ragioni di sopra discorse. E li sua successori, se fussino suti uniti, se lo potevano godere oziosi;

né in quello regno nacquono altri tumulti, che quelli che loro
proprii suscitorono. Ma li stati ordinati come quello di Francia
è impossibile possederli con tanta quiete. Di qui nacquono le
spesse rebellioni di Spagna, di Francia e di Grecia da' Romani,
per li spessi principati che erano in quelli stati: de' quali mentre durò la memoria, sempre ne furono e' Romani incerti di
quella possessione; ma, spenta la memoria di quelli, con la potenzia e diuturnità dello imperio ne diventorono securi posses-
sori. E posserno anche quelli, combattendo di poi infra loro,
ciascuno tirarsi drieto parte di quelle provincie, secondo
l'autorità vi aveva presa drento; e quelle, per essere el sangue
del loro antiquo signore spento, non riconoscevano se non e'
Romani. Considerato adunque tutte queste cose, non si maraviglierà alcuno della facilità ebbe Alessandro a tenere lo stato di
Asia e delle difficultà che hanno avuto li altri a conservare lo
acquistato, come Pirro e molti. Il che non è nato dalla molta o
poca virtù del vincitore, ma dalla disformità del subietto.

Capitolo 5

Quomodo administrandae sunt civitates vel principatus, qui, antequam occuparentur suis legibus vivebant. [In che modo si debbino governare le città o principati li quali, innanzi fussino occupati, si vivevano con le loro legge.]

Quando quelli stati che s'acquistano, come è detto, sono consueti a vivere con le loro legge et in libertà, a volerli tenere, ci sono tre modi: el primo, ruinarle; l'altro, andarvi ad abitare personalmente; el terzo, lasciarle vivere con le sua legge, traendone una pensione e creandovi drento uno stato di pochi che te le conservino amiche. Perché, sendo quello stato creato da quello principe, sa che non può stare sanza l'amicizia e potenzia sua, et ha a fare tutto per mantenerlo. E più facilmente si tiene una città usa a vivere libera con il mezzo de' sua cittadini, che in alcuno altro modo, volendola preservare.

In exemplis ci sono li Spartani e li Romani. Li Spartani tennono Atene e Tebe creandovi uno stato di pochi; tamen le riperderono. Romani, per tenere Capua Cartagine e Numanzia, le disfeciono, e non le perderono. Vollono tenere la Grecia quasi come tennono li Spartani, faccendola libera e lasciandoli le sua legge; e non successe loro: in modo che furono costretti disfare molte città di quella provincia, per tenerla. Perché, in verità, non ci è modo sicuro a possederle, altro che la ruina. E chi diviene patrone di una città consueta a vivere libera, e non la disfaccia, aspetti di esser disfatto da quella; perché sempre ha per refugio, nella rebellione, el nome della libertà e li ordini antichi sua; li quali né per la lunghezza de' tempi né per benefizii mai si dimenticano. E per cosa che si faccia o si provegga, se non si disuniscano o si dissipano li abitatori, non sdimenticano quel nome né quelli ordini, e subito in ogni accidente vi ricorrono; come fe' Pisa dopo cento anni che ella era posta in servitù da' Fiorentini. Ma, quando le città o le provincie sono use a vivere sotto uno principe, e quel sangue sia spento, sendo da uno canto usi ad obedire, dall'altro non avendo el principe vecchio, farne uno infra loro non si accordano, vivere liberi non sanno; di modo che sono più tardi a pigliare l'arme, e con più facilità se li può uno principe guadagnare et assicurarsi di loro. Ma nelle repubbliche è maggiore vita, maggiore odio, più desiderio di vendetta; né li lascia, né può lasciare riposare la memoria della antiqua libertà: tale che la più sicura via è spegnerle o abitarvi.

6

De principatibus novis qui armis propriis et virtute acquiruntur. [De' Principati nuovi che s'acquistano con l'arme proprie e virtuosamente]

Non si maravigli alcuno se, nel parlare che io farò de' principati al tutto nuovi e di principe e di stato, io addurrò grandissimi esempli; perché, camminando li uomini quasi sempre per le vie battute da altri, e procedendo nelle azioni loro con le imitazioni, né si potendo le vie d'altri al tutto tenere, né alla virtù di quelli che tu imiti aggiugnere, debbe uno uomo prudente intrare sempre per vie battute da uomini grandi, e quelli che sono stati eccellentissimi imitare, acciò che, se la sua virtù non vi arriva, almeno ne renda qualche odore: e fare come li arcieri prudenti, a' quali parendo el loco dove disegnono ferire troppo lontano, e conoscendo fino a quanto va la virtù del loro arco, pongono la mira assai più alta che il loco destinato, non per aggiugnere con la loro freccia a tanta altezza, ma per potere, con lo aiuto di sí alta mira, pervenire al disegno loro. Dico adunque, che ne' principati tutti nuovi, dove sia uno nuovo principe, si trova a mantenerli più o meno difficultà, secondo che più o meno è virtuoso colui che li acquista. E perché questo evento di diventare di privato principe, presuppone o virtù o fortuna, pare che l'una o l'altra di queste dua cose mitighi in parte di molte difficultà: non di manco, colui che è stato meno sulla fortuna, si è mantenuto più. Genera ancora facilità essere el principe constretto, per non avere altri stati, venire personaliter ad abitarvi. Ma, per venire a quelli che per propria virtù e non per fortuna sono diventati principi, dico che li più eccellenti sono Moisè, Ciro, Romulo, Teseo e simili. E benché di Moisè non si debba ragionare, sendo suto uno mero esecutore delle cose che li erano ordinate da Dio, tamen debbe essere ammirato solum per quella grazia che lo faceva degno di parlare con Dio. Ma consideriamo Ciro e li altri che hanno acquistato o fondato regni: li troverrete tutti mirabili; e se si considerranno le azioni et ordini loro particulari, parranno non discrepanti da quelli di Moisè, che ebbe sí gran precettore. Et esaminando le azioni e vita loro, non si vede che quelli avessino altro dalla fortuna che la occasione; la quale dette loro materia a potere introdurvi drento quella forma parse loro; e sanza quella occasione la virtù dello animo loro si sarebbe spenta, e sanza quella virtù la occasione sarebbe venuta invano. Era dunque necessario a Moisè trovare el populo d'Isdrael, in Egitto, stiavo et oppresso dalli Egizii, acciò che quelli, per uscire di servitù, si disponessino a seguirlo. Conveniva che Romulo non capissi in Alba, fussi stato esposto al nascere, a volere che diventassi re di Roma e fondatore di quella patria. Bisognava che Ciro trovassi e' Persi malcontenti dello imperio de' Medi, e li Medi molli et effeminati per la lunga pace. Non posseva Teseo dimonstrare la sua virtù, se non trovava li Ateniesi dispersi. Queste occasioni, per tanto, feciono questi uomini felici, e la eccellente virtù loro fece quella occasione esser conosciuta; donde la loro patria ne fu nobilitata e diventò felicissima.

Quelli li quali per vie virtuose, simili a costoro, diventono principi, acquistono el principato con difficultà, ma con facilità lo tengano; e le difficultà che hanno nell'acquistare el principato, in parte nascono da' nuovi ordini e modi che sono forzati introdurre per fondare lo stato loro e la loro securtà. E debbasi considerare come non è cosa più difficile a trattare, né più dubia a riuscire, né più pericolosa a maneggiare, che farsi capo ad introdurre nuovi ordini. Perché lo introduttore ha per nimici tutti quelli che delli ordini vecchi fanno bene, et ha tepidi defensori tutti quelli che delli ordini nuovi farebbono bene. La quale tepidezza nasce, parte per paura delli avversarii, che hanno le leggi dal canto loro, parte dalla incredulità delli uomini; li quali non credano in verità le cose nuove, se non ne veggono nata una ferma esperienza. Donde nasce che qualunque volta quelli che sono nimici hanno occasione di assaltare, lo fanno partigianamente, e quelli altri defendano tepidamente; in modo che insieme con loro si periclita. È necessario per tanto, volendo discorrere bene questa parte, esaminare se questi innovatori stiano per loro medesimi, o se dependano da altri; ciò è, se per condurre l'opera loro bisogna che preghino, ovvero possono forzare. Nel primo caso capitano sempre male, e non conducano cosa alcuna; ma, quando dependono da loro proprii e possano forzare, allora è che rare volte periclitano. Di qui nacque che tutt'i profeti armati vinsono, e li disarmati ruinorono. Perché, oltre alle cose dette, la natura de' populi è varia; et è facile a persuadere loro una cosa, ma è difficile fermarli in quella persuasione. E però conviene essere ordinato in modo, che, quando non credono più, si possa fare loro credere per forza. Moisè, Ciro, Teseo e Romulo non arebbono possuto fare osservare loro lungamente le loro constituzioni, se fussino stati disarmati; come ne' nostri tempi intervenne a fra' Girolamo Savonerola; il quale ruinò ne' sua ordini nuovi, come la moltitudine cominciò a non crederli; e lui non aveva modo a tenere fermi quelli che avevano creduto, né a far credere e' discredenti. Però questi tali hanno nel condursi gran difficultà, e tutti e' loro periculi sono fra via, e conviene che con la virtù li superino; ma, superati che li hanno, e che cominciano ad essere in venerazione, avendo spenti quelli che di sua qualità li avevano invidia, rimangono potenti, securi, onorati, felici.

A sí alti esempli io voglio aggiugnere uno esemplo minore; ma bene arà qualche proporzione con quelli; e voglio mi basti per tutti li altri simili; e questo è Ierone Siracusano. Costui, di privato diventò principe di Siracusa: né ancora lui conobbe altro dalla fortuna che la occasione; perché, sendo Siracusani oppressi, lo elessono per loro capitano; donde meritò d'essere fatto loro principe. E fu di tanta virtù, etiam in privata fortuna, che chi ne scrive, dice: *quod nihil illi deerat ad regnandum praeter regnum.* Costui spense la milizia vecchia, ordinò della nuova; lasciò le amicizie antiche, prese delle nuove; e, come ebbe amicizie e soldati che fussino sua, possé in su tale fondamento edificare ogni edifizio: tanto che lui durò assai fatica in acquistare, e poca in mantenere.

Capitolo 7

De principatibus novis qui alienis armis et fortuna acquiruntur. [De' principati nuovi che s'acquistano con le armi e fortuna di altri]

Coloro e' quali solamente per fortuna diventano, di privati principi, con poca fatica diventano, ma con assai si mantengano; e non hanno alcuna difficultà fra via, perché vi volano; ma tutte le difficultà nascono quando sono posti. E questi tali sono, quando è concesso ad alcuno uno stato o per danari o per grazia di chi lo concede: come intervenne a molti in Grecia, nelle città di Ionia e di Ellesponto, dove furono fatti principi da Dario, acciò le tenessino per sua sicurtà e gloria; come erano fatti ancora quelli imperatori che, di privati, per corruzione de' soldati, pervenivano allo imperio. Questi stanno semplicemente in sulla voluntà e fortuna di chi lo ha concesso loro, che sono dua cose volubilissime et instabili; e non sanno e non possano tenere quel grado: non sanno, perché, se non è uomo di grande ingegno e virtù, non è ragionevole che, sendo sempre vissuto in privata fortuna, sappi comandare; non possano, perché non hanno forze che li possino essere amiche e fedeli. Di poi, li stati che vengano subito, come tutte l'altre cose della natura che nascono e crescono presto, non possono avere le barbe e correspondenzie loro in modo, che 'l primo tempo avverso le spenga; se già quelli tali, come è detto, che sí de repente sono diventati principi, non sono di tanta virtù che quello che la fortuna ha messo loro in grembo, e' sappino subito prepararsi a conservarlo, e quelli fondamenti che li altri hanno fatto avanti che diventino principi, li faccino poi.

Io voglio all'uno et all'altro di questi modi detti, circa el diventare principe per virtù o per fortuna, addurre dua esempli stati ne' dí della memoria nostra: e questi sono Francesco

Sforza e Cesare Borgia. Francesco, per li debiti mezzi e con una gran virtù, di privato diventò duca di Milano; e quello che con mille affanni aveva acquistato, con poca fatica mantenne. Dall'altra parte Cesare Borgia, chiamato dal vulgo duca Valentino, acquistò lo stato con la fortuna del padre, e con quella lo perdé; non ostante che per lui si usassi ogni opera e facessi tutte quelle cose che per uno prudente e virtuoso uomo si doveva fare, per mettere le barbe sua in quelli stati che l'arme e fortuna di altri li aveva concessi. Perché, come di sopra si disse, chi non fa e' fondamenti prima, li potrebbe con una gran virtù farli poi, ancora che si faccino con disagio dello architettore e periculo dello edifizio. Se adunque, si considerrà tutti e' progressi del duca, si vedrà lui aversi fatti gran fondamenti alla futura potenzia; li quali non iudico superfluo discorrere, perché io non saprei quali precetti mi dare migliori a uno principe nuovo, che lo esemplo delle azioni sua: e se li ordini sua non li profittorono, non fu sua colpa, perché nacque da una estraordinaria et estrema malignità di fortuna.

Aveva Alessandro sesto, nel volere fare grande el duca suo figliuolo, assai difficultà presenti e future. Prima, non vedeva via di poterlo fare signore di alcuno stato che non fussi stato di Chiesia; e, volgendosi a tòrre quello della Chiesia, sapeva che el duca di Milano e Viniziani non gnene consentirebbano; perché Faenza e Rimino erano di già sotto la protezione de' Viniziani. Vedeva, oltre a questo, l'arme di Italia, e quelle in spezie di chi si fussi possuto servire, essere in le mani di coloro che dovevano temere la grandezza del papa; e però non se ne poteva fidare, sendo tutte nelli Orsini e Colonnesi e loro complici. Era adunque necessario si turbassino quelli ordini, e disordinare li stati di coloro, per potersi insignorire securamente di parte di quelli. Il che li fu facile; perché trovò Viniziani che, mossi da altre cagioni, si eron volti a fare ripassare Franzesi in Italia: il che non solamente non contradisse, ma lo fe' più facile con la resoluzione del matrimonio antiquo del re Luigi. Passò, adunque, il re in Italia con lo aiuto de' Viniziani e consenso di Alessandro; né prima fu in Milano, che il papa ebbe da lui gente per la impresa di Romagna; la quale li fu consentita per la reputazione del re. Acquistata, adunque el duca la Romagna, e sbattuti e' Colonnesi, volendo mantenere quella e procedere più avanti, lo 'mpedivano dua cose: l'una, l'arme sua che non li parevano fedeli, l'altra, la voluntà di Francia: ciò è che l'arme Orsine, delle quali s'era valuto, li mancassino sotto, e non solamente li 'mpedissino lo acquistare ma gli togliessino l'acquistato, e che il re ancora non li facessi el simile. Delli Orsini ne ebbe uno riscontro quando dopo la espugnazione di Faenza, assaltò Bologna, ché li vidde andare freddi in quello assalto; e circa el re, conobbe l'animo suo quando, preso el ducato di Urbino, assaltò la Toscana: dalla quale impresa el re lo fece desistere. Onde che il duca deliberò non dependere più dalle arme e fortuna di altri. E, la prima cosa, indebolí le parti Orsine e Colonnese in Roma; perché tutti li aderenti loro che fussino gentili uomini, se li guadagnò, facendoli sua gentili uomini e dando loro grandi provisioni; et onorolli, secondo le loro qualità, di condotte e di governi: in modo che in pochi mesi nelli animi loro l'affezione delle parti si spense, e tutta si volse nel duca. Dopo questa, aspettò la occasione di spegnere li Orsini, avendo dispersi quelli di casa Colonna; la quale li venne bene, e lui la usò meglio; perché, avvedutisi li Orsini, tardi, che la grandezza del duca e della Chiesia era la loro ruina, feciono una dieta alla Magione, nel Perugino. Da quella nacque la rebellione di Urbino e li tumulti di Romagna et infiniti periculi del duca, li quali tutti superò con lo aiuto de' Franzesi. E, ritornatoli la reputazione, né si fidando di Francia né di altre forze esterne, per non le avere a cimentare, si volse alli inganni; e seppe tanto dissimulare l'animo suo, che li Orsini, mediante el signor Paulo, si riconciliorono seco; con il quale el duca non mancò d'ogni ragione di offizio per assicurarlo, dandoli danari, veste e cavalli; tanto che la simplicità loro li condusse a Sinigallia nelle sua mani. Spenti adunque, questi capi, e ridotti li partigiani loro amici sua, aveva il duca gittati assai buoni fondamenti alla potenzia sua, avendo tutta la Romagna con il ducato di Urbino, parendoli, massime, aversi acquistata amica la Romagna e guadagnatosi tutti quelli popoli, per avere cominciato a gustare el bene essere loro.

E, perché questa parte è degna di notizia e da essere imitata da altri, non la voglio lasciare indrieto. Preso che ebbe il duca la Romagna, e trovandola suta comandata da signori impotenti, li quali più presto avevano spogliato e' loro sudditi che corretti, e dato loro materia di disunione, non di unione, tanto che quella provincia era tutta piena di latrocinii, di brighe e di ogni

altra ragione di insolenzia, iudicò fussi necessario, a volerla ridurre pacifica e obediente al braccio regio, darli buon governo.
Però vi prepose messer Remirro de Orco uomo crudele et espe-
dito, al quale dette pienissima potestà. Costui in poco tempo la
ridusse pacifica et unita, con grandissima reputazione. Di poi
iudicò el duca non essere necessario sí eccessiva autorità, perché dubitava non divenissi odiosa; e preposevi uno iudicio civile nel mezzo della provincia, con uno presidente eccellentissimo, dove ogni città vi aveva lo avvocato suo. E perché conosceva le rigorosità passate averli generato qualche odio, per pur-
gare li animi di quelli populi e guadagnarseli in tutto, volle
monstrare che, se crudeltà alcuna era seguíta, non era nata da
lui, ma dalla acerba natura del ministro. E presa sopr'a questo
occasione, lo fece mettere una mattina, a Cesena, in dua pezzi
in sulla piazza, con uno pezzo di legno e uno coltello sanguino-
so a canto. La ferocità del quale spettaculo fece quelli populi in
uno tempo rimanere satisfatti e stupidi.

Ma torniamo donde noi partimmo. Dico che, trovandosi el duca assai potente et in parte assicurato de' presenti periculi, per
essersi armato a suo modo e avere in buona parte spente quelle arme che, vicine, lo potevano offendere, li restava, volendo
procedere con lo acquisto, el respetto del re di Francia; perché
conosceva come dal re, il quale tardi si era accorto dello errore
suo, non li sarebbe sopportato. E cominciò per questo a cercare di amicizie nuove, e vacillare con Francia, nella venuta che
feciono Franzesi verso el regno di Napoli contro alli Spagnuoli
che assediavono Gaeta. E l'animo suo era assicurarsi di loro; il
che li sarebbe presto riuscito, se Alessandro viveva.

E questi furono e' governi sua quanto alle cose presenti. Ma,
quanto alle future, lui aveva a dubitare in prima che uno nuovo
successore alla Chiesia non li fussi amico e cercassi torli quello
che Alessandro li aveva dato: e pensò farlo in quattro modi: prima, di spegnere tutti e' sangui di quelli signori che lui aveva
spogliati, per tòrre al papa quella occasione; secondo, di guadagnarsi tutti e' gentili uomini di Roma, come è detto, per potere con quelli tenere el papa in freno; terzio, ridurre el Collegio
più suo che poteva; quarto, acquistare tanto imperio, avanti
che il papa morissi, che potessi per sé medesimo resistere a
uno primo impeto. Di queste quattro cose, alla morte di Alessandro ne aveva condotte tre; la quarta aveva quasi   per

condotta: perché de' signori spogliati ne ammazzò quanti ne
possé aggiugnere, e pochissimi si salvarono; e' gentili uomini
romani si aveva guadagnati, e nel Collegio aveva grandissima
parte; e, quanto al nuovo acquisto, aveva disegnato diventare
signore di Toscana, e possedeva di già Perugia e Piombino, e di
Pisa aveva presa la protezione. E, come non avessi avuto ad
avere respetto a Francia (ché non gnene aveva ad avere più,
per essere di già Franzesi spogliati del Regno dalli Spagnoli, di
qualità che ciascuno di loro era necessitato comperare
l'amicizia sua), e' saltava in Pisa. Dopo questo, Lucca e Siena
cedeva subito, parte per invidia de' Fiorentini, parte per paura;
Fiorentini non avevano remedio: il che se li fusse riuscito (ché
li riusciva l'anno medesimo che Alessandro morí), si acquistava
tante forze e tanta reputazione, che per sé stesso si sarebbe
retto, e non sarebbe più dependuto dalla fortuna e forze di altri, ma dalla potenzia e virtù sua. Ma Alessandro morí dopo cinque anni che elli aveva cominciato a trarre fuora la spada. La-
sciollo con lo stato di Romagna solamente assolidato, con tutti
li altri in aria, infra dua potentissimi eserciti inimici, e malato a
morte. Et era nel duca tanta ferocia e tanta virtù e sí bene conosceva come li uomini si hanno a guadagnare o perdere, e
tanto erano validi e' fondamenti che in sí poco tempo si aveva
fatti, che, se non avessi avuto quelli eserciti addosso, o lui fussi
stato sano, arebbe retto a ogni difficultà. E ch'e' fondamenti
sua fussino buoni, si vidde: ché la Romagna l'aspettò più d'uno
mese; in Roma, ancora che mezzo vivo, stette sicuro; e benché
Ballioni, Vitelli et Orsini venissino in Roma, non ebbono séguito
contro di lui: possé fare, se non chi e' volle papa, almeno che
non fussi chi non voleva. Ma, se nella morte di Alessandro fussi
stato sano, ogni cosa li era facile. E lui mi disse, ne' dí che fu
creato Iulio II, che aveva pensato a ciò che potessi nascere,
morendo el padre, et a tutto aveva trovato remedio, eccetto
che non pensò mai, in su la sua morte, di stare ancora lui per
morire.

Raccolte io adunque tutte le azioni del duca, non saprei ri-
prenderlo; anzi mi pare, come ho fatto, di preporlo imitabile a
tutti coloro che per fortuna e con l'arme d'altri sono ascesi allo
imperio. Perché lui avendo l'animo grande e la sua intenzione
alta, non si poteva governare altrimenti; e solo si oppose alli
sua disegni la brevità della vita di Alessandro e la malattia sua.

Chi, adunque, iudica necessario nel suo principato nuovo assicurarsi de' nimici, guadagnarsi delli amici, vincere o per forza o per fraude, farsi amare e temere da' populi, seguire e reverire da' soldati, spegnere quelli che ti possono o debbono offendere, innovare con nuovi modi li ordini antichi, essere severo e grato, magnanimo e liberale, spegnere la milizia infidele, creare della nuova, mantenere l'amicizie de' re e de' principi in modo che ti abbino o a beneficare con grazia o offendere con respetto, non può trovare e' più freschi esempli che le azioni di costui. Solamente si può accusarlo nella creazione di Iulio pontefice, nella quale lui ebbe mala elezione; perché, come è detto, non possendo fare uno papa a suo modo, poteva tenere che uno non fussi papa; e non doveva mai consentire al papato di quelli cardinali che lui avessi offesi, o che, diventati papi, avessino ad avere paura di lui. Perché li uomini offendono o per paura o per odio. Quelli che lui aveva offesi erano, infra li altri, San Piero ad Vincula, Colonna, San Giorgio, Ascanio; tutti li altri, divenuti papi, aveano a temerlo, eccetto Roano e li Spagnuoli: questi per coniunzione et obligo; quello per potenzia, avendo coniunto seco el regno di Francia. Per tanto el duca, innanzi ad ogni cosa, doveva creare papa uno spagnolo, e, non potendo, doveva consentire che fussi Roano e non San Piero ad Vincula. E chi crede che ne' personaggi grandi e' benefizii nuovi faccino dimenticare le iniurie vecchie, s'inganna. Errò, adunque, el duca in questa elezione; e fu cagione dell'ultima ruina sua.

Capitolo 8

De his qui per scelera ad principatum pervenere. [Di quelli che per scelleratezze sono venuti al principato]

Ma perché di privato si diventa principe ancora in dua modi, il che non si può al tutto o alla fortuna o alla virtù attribuire, non mi pare da lasciarli indrieto, ancora che dell'uno si possa più diffusamente ragionare dove si trattassi delle repubbliche. Questi sono quando, o per qualche via scellerata e nefaria si ascende al principato, o quando uno privato cittadino con il favore delli altri sua cittadini diventa principe della sua patria. E, parlando del primo modo, si monstrerrà con dua esempli, l'uno antiquo l'altro moderno, sanza intrare altrimenti ne' meriti di questa parte, perché io iudico che basti, a chi fussi necessitato, imitargli.

Agatocle siciliano, non solo di privata fortuna, ma di infima et abietta, divenne re di Siracusa. Costui, nato d'uno figulo, tenne sempre, per li gradi della sua età, vita scellerata; non di manco accompagnò le sua scelleratezze con tanta virtù di animo e di corpo, che, voltosi alla milizia, per li gradi di quella pervenne ad essere pretore di Siracusa. Nel quale grado sendo constituito, e avendo deliberato diventare principe e tenere con violenzia e sanza obligo d'altri quello che d'accordo li era suto concesso, et avuto di questo suo disegno intelligenzia con Amilcare cartaginese, il quale con li eserciti militava in Sicilia, raunò una mattina el populo et il senato di Siracusa, come se elli avessi avuto a deliberare cose pertinenti alla repubblica; et ad uno cenno ordinato, fece da' sua soldati uccidere tutti li senatori e li più ricchi del popolo. Li quali morti, occupò e tenne el principato di quella città sanza alcuna controversia civile. E, benché da' Cartaginesi fussi dua volte rotto e demum assediato, non solum possé defendere la sua città, ma, lasciato parte delle sue genti alla difesa della ossidione, con le altre assaltò l'Affrica, et in breve tempo liberò Siracusa dallo assedio e condusse Cartagine in estrema necessità: e furono necessitati accordarsi con quello, esser contenti della possessione di Affrica, et ad Agatocle lasciare la Sicilia. Chi considerassi adunque le azioni e virtù di costui, non vedrà cose, o poche, le quali possa attribuire alla fortuna; con ciò sia cosa, come di sopra è detto, che non per favore d'alcuno, ma per li gradi della milizia, li quali con mille disagi e periculi si aveva guadagnati, pervenissi al principato, e quello di poi con tanti partiti animosi e periculosi mantenessi. Non si può ancora chiamare virtù ammazzare li sua cittadini, tradire li amici, essere sanza fede, sanza pietà, sanza relligione; li quali modi possono fare acquistare imperio, ma non gloria. Perché, se si considerassi la virtù di Agatocle nello intrare e nello uscire de' periculi, e la grandezza dello animo suo nel sopportare e superare le cose avverse, non si vede perché elli abbia ad essere iudicato inferiore a qualunque eccellentissimo capitano. Non di manco, la sua efferata crudelità e inumanità, con infinite scelleratezze, non consentono che sia infra li eccellentissimi uomini celebrato. Non si può, adunque, attribuire alla fortuna o alla virtù quello che sanza l'una e l'altra fu da lui conseguito.

Ne' tempi nostri, regnante Alessandro VI, Oliverotto Firmiano, sendo più anni innanzi rimaso piccolo, fu da uno suo zio materno, chiamato Giovanni Fogliani, allevato, e ne' primi tempi della sua gioventù dato a militare sotto Paulo Vitelli, acciò che, ripieno di quella disciplina, pervenissi a qualche eccellente grado di milizia. Morto di poi Paulo, militò sotto Vitellozzo suo fratello; et in brevissimo tempo, per essere ingegnoso, e della persona e dello animo gagliardo, diventò el primo uomo della sua milizia. Ma, parendoli cosa servile lo stare con altri, pensò, con lo aiuto di alcuni cittadini di Fermo a' quali era più cara la servitù che la libertà della loro patria, e con il favore vitellesco, di occupare Fermo. E scrisse a Giovanni Fogliani come, sendo stato più anni fuora di casa, voleva venire a vedere lui e la sua città, et in qualche parte riconoscere el suo patrimonio: e perché non s'era affaticato per altro che per acquistare onore, acciò ch'e' sua cittadini vedessino come non aveva speso el tempo in vano, voleva venire onorevole et accompagnato da cento cavalli di sua amici e servidori; e pregavalo fussi contento ordinare che da' Firmiani fussi ricevuto onoratamente; il che non solamente tornava onore a lui, ma a sé proprio, sendo suo allievo. Non mancò, per tanto Giovanni di alcuno offizio debito verso el nipote; e fattolo ricevere da' Firmiani onoratamente, si alloggiò nelle case sua: dove, passato alcuno giorno, et atteso ad ordinare quello che alla sua futura scelleratezza era necessario, fece uno convito solennissimo, dove invitò Giovanni Fogliani e tutti li primi uomini di Fermo. E, consumate che furono le vivande, e tutti li altri intrattenimenti che in simili conviti si usano, Oliverotto, ad arte, mosse certi ragionamenti gravi, parlando della grandezza di papa Alessandro e di Cesare suo figliuolo, e delle imprese loro. A' quali ragionamenti respondendo Giovanni e li altri, lui a un tratto si rizzò, dicendo quelle essere cose da parlarne in loco più secreto; e ritirossi in una camera, dove Giovanni e tutti li altri cittadini li andorono drieto. Né prima furono posti a sedere, che de' luoghi secreti di quella uscirono soldati, che ammazzorono Giovanni e tutti li altri. Dopo il quale omicidio, montò Oliverotto a cavallo, e corse la terra, et assediò nel palazzo el supremo magistrato; tanto che per paura furono constretti obbedirlo e fermare uno governo, del quale si fece principe. E, morti tutti quelli che, per essere malcontenti, lo potevono offendere, si corroborò con nuovi ordini civili e militari; in modo che, in spazio d'uno anno che tenne el principato, lui non solamente era sicuro nella città di Fermo, ma era diventato pauroso a tutti li sua vicini. E sarebbe suta la sua espugnazione difficile come quella di Agatocle, se non si fussi suto lasciato ingannare da Cesare Borgia, quando a Sinigallia, come di sopra si disse, prese li Orsini e Vitelli; dove, preso ancora lui, uno anno dopo el commisso parricidio, fu, insieme con Vitellozzo, il quale aveva avuto maestro delle virtù e scelleratezze sua, strangolato.

Potrebbe alcuno dubitare donde nascessi che Agatocle et alcuno simile, dopo infiniti tradimenti e crudeltà, possé vivere lungamente sicuro nella sua patria e defendersi dalli inimici esterni, e da' sua cittadini non li fu mai conspirato contro; con ciò sia che molti altri, mediante la crudeltà non abbino, etiam ne' tempi pacifici, possuto mantenere lo stato, non che ne' tempi dubbiosi di guerra. Credo che questo avvenga dalle crudeltà male usate o bene usate. Bene usate si possono chiamare quelle (se del male è licito dire bene) che si fanno ad uno tratto, per necessità dello assicurarsi, e di poi non vi si insiste drento ma si convertiscono in più utilità de' sudditi che si può. Male usate sono quelle le quali, ancora che nel principio sieno poche, più tosto col tempo crescono che le si spenghino. Coloro che osservano el primo modo, possono con Dio e con li uomini avere allo stato loro qualche remedio, come ebbe Agatocle; quelli altri è impossibile si mantenghino. Onde è da notare che, nel pigliare uno stato, debbe l'occupatore di esso discorrere tutte quelle offese che li è necessario fare; e tutte farle a un tratto, per non le avere a rinnovare ogni dí, e potere, non le innovando, assicurare li uomini e guadagnarseli con beneficarli. Chi fa altrimenti, o per timidità o per mal consiglio, è sempre necessitato tenere el coltello in mano; né mai può fondarsi sopra li sua sudditi non si potendo quelli per le fresche e continue iniurie assicurare di lui. Perché le iniurie si debbono fare tutte insieme, acciò che, assaporandosi meno, offendino meno: e' benefizii si debbono fare a poco a poco, acciò che si assaporino meglio. E debbe, sopr'a tutto, uno principe vivere con li suoi sudditi in modo che veruno accidente o di male o di bene lo abbi a far variare: perché, venendo per li tempi avversi le necessità, tu non se' a tempo al male, et il bene che tu fai non ti giova, perché è iudicato forzato, e non te n'è saputo grado alcuno.

Capitolo 9

De principatu civili. [Del Principato Civile]

Ma venendo all'altra parte, quando uno privato cittadino, non per scelleratezza o altra intollerabile violenzia, ma con il favore delli altri sua cittadini diventa principe della sua patria, il quale si può chiamare principato civile (né a pervenirvi è necessario o tutta virtù o tutta fortuna, ma più presto una astuzia fortunata), dico che si ascende a questo principato o con il favore del populo o con il favore de' grandi. Perché in ogni città si truovano questi dua umori diversi; e nasce da questo, che il populo desidera non essere comandato né oppresso da' grandi, e li grandi desiderano comandare et opprimere el populo; e da questi dua appetiti diversi nasce nelle città uno de' tre effetti, o principato o libertà o licenzia.

El principato è causato o dal populo o da' grandi, secondo che l'una o l'altra di queste parti ne ha occasione; perché, vedendo e' grandi non potere resistere al populo, cominciano a voltare la reputazione ad uno di loro, e fannolo principe per potere sotto la sua ombra sfogare l'appetito loro. El populo ancora, vedendo non potere resistere a' grandi, volta la reputazione ad uno, e lo fa principe, per essere con la autorità sua difeso. Colui che viene al principato con lo aiuto de' grandi, si mantiene con più difficultà che quello che diventa con lo aiuto del populo; perché si trova principe con di molti intorno che li paiano essere sua eguali, e per questo non li può né comandare né maneggiare a suo modo. Ma colui che arriva al principato con il favore popolare, vi si trova solo, e ha intorno o nessuno o pochissimi che non sieno parati a obedire. Oltre a questo, non si può con onestà satisfare a' grandi e sanza iniuria d'altri, ma sí bene al populo: perché quello del populo è più onesto fine che quello de' grandi, volendo questi opprimere, e quello non essere oppresso. Preterea, del populo inimico uno principe non si può mai assicurare, per essere troppi; de' grandi si può assicurare, per essere pochi. El peggio che possa aspettare uno principe dal populo inimico, è lo essere abbandonato da lui; ma da' grandi, inimici, non solo debbe temere di essere abbandonato, ma etiam che loro li venghino contro; perché, sendo in quelli più vedere e più astuzia, avanzono sempre tempo per salvarsi, e cercono gradi con quelli che sperano che vinca. È necessitato ancora el principe vivere sempre con quello medesimo populo; ma può ben fare sanza quelli medesimi grandi, potendo farne e disfarne ogni dí, e tòrre e dare, a sua posta, reputazione loro.

E per chiarire meglio questa parte, dico come e' grandi si debbono considerare in dua modi principalmente. O si governano in modo, col procedere loro, che si obbligano in tutto alla tua fortuna, o no. Quelli che si obbligano, e non sieno rapaci, si debbono onorare et amare; quelli che non si obbligano, si hanno ad esaminare in dua modi: o fanno questo per pusillanimità e defetto naturale d'animo: allora tu ti debbi servire di quelli massime che sono di buono consiglio, perché nelle prosperità te ne onori, e nelle avversità non hai da temerne. Ma, quando non si obbligano ad arte e per cagione ambiziosa, è segno come pensano più a sé che a te; e da quelli si debbe el principe guardare, e temerli come se fussino scoperti inimici, perché sempre, nelle avversità, aiuteranno ruinarlo.

Debbe, per tanto, uno che diventi principe mediante el favore del populo, mantenerselo amico; il che li fia facile, non domandando lui se non di non essere oppresso. Ma uno che contro al populo diventi principe con il favore de' grandi, debbe innanzi a ogni altra cosa cercare di guadagnarsi el populo: il che li fia facile, quando pigli la protezione sua. E perché li uomini, quando hanno bene da chi credevano avere male, si obbligano più al beneficatore loro, diventa el populo subito più suo benivolo, che se si fussi condotto al principato con favori sua: e puosselo el principe guadagnare in molti modi, li quali, perché variano secondo el subietto, non se ne può dare certa regola, e però si lasceranno indrieto. Concluderò solo che a uno principe è necessario avere el populo amico: altrimenti non ha, nelle avversità, remedio.

Nabide, principe delli Spartani, sostenne la ossidione di tutta Grecia e di uno esercito romano vittoriosissimo, e difese contro a quelli la patria sua et il suo stato: e li bastò solo, sopravvenente il periculo, assicurarsi di pochi: ché se elli avessi avuto el populo inimico, questo non li bastava. E non sia alcuno che repugni a questa mia opinione con quello proverbio trito, che *chi fonda in sul populo, fonda in sul fango*: perché quello è vero, quando uno cittadino privato vi fa su fondamento, e dassi ad intendere che il populo lo liberi, quando fussi oppresso da' nimici o da' magistrati. In questo caso si potrebbe trovare spesso ingannato, come a Roma e' Gracchi et a Firenze messer Giorgio Scali. Ma, sendo uno principe che vi fondi su, che possa comandare e sia uomo di core, né si sbigottisca nelle avversità, e non manchi delle altre preparazioni, e tenga con l'animo et ordini sua animato l'universale, mai si troverrà ingannato da lui, e li parrà avere fatto li sua fondamenti buoni.

Sogliono questi principati periclitare quando sono per salire dall'ordine civile allo assoluto; perché questi principi, o comandano per loro medesimi, o per mezzo de' magistrati. Nell'ultimo caso, è più debole e più periculoso lo stare loro; perché gli stanno al tutto con la voluntà di quelli cittadini che sono preposti a' magistrati: li quali, massime ne' tempi avversi, li possono tòrre con facilità grande lo stato, o con farli contro, o con non lo obedire. Et el principe non è a tempo, ne' periculi, a pigliare l'autorità assoluta; perché li cittadini e sudditi, che sogliono avere e' comandamenti da' magistrati, non sono, in quelli frangenti, per obedire a' sua; et arà sempre, ne' tempi dubii, penuria di chi si possa fidare. Perché simile principe non può fondarsi sopra a quello che vede ne' tempi quieti, quando e' cittadini hanno bisogno dello stato; perché allora ognuno corre, ognuno promette, e ciascuno vuole morire per lui, quando la morte è discosto; ma ne' tempi avversi, quando lo stato ha bisogno de' cittadini, allora se ne truova pochi. E tanto più è questa esperienzia periculosa, quanto la non si può fare se non una volta. E però uno principe savio debba pensare uno modo per il quale li sua cittadini, sempre et in ogni qualità di tempo, abbino bisogno dello stato e di lui: e sempre poi li saranno fedeli.

Capitolo 10

Quomodo omnium principatuum vires perpendi debeant. [In che modo si debbino misurare le forze di tutti i principati]

Conviene avere, nello esaminare le qualità di questi principati, un'altra considerazione: cioè, se uno principe ha tanto stato che possa, bisognando, per sé medesimo reggersi, o vero se ha sempre necessità della defensione di altri. E, per chiarire meglio questa parte, dico come io iudico coloro potersi reggere per sé medesimi, che possono, o per abundanzia di uomini, o di denari, mettere insieme un esercito iusto, e fare una giornata con qualunque li viene ad assaltare; e cosí iudico coloro avere sempre necessità di altri, che non possono comparire contro al nimico in campagna, ma sono necessitati rifuggirsi drento alle mura e guardare quelle. Nel primo caso, si è discorso; e per lo avvenire diremo quello ne occorre. Nel secondo caso non si può dire altro, salvo che confortare tali principi a fortificare e munire la terra propria, e del paese non tenere alcuno conto. E qualunque arà bene fortificata la sua terra, e circa li altri governi con li sudditi si fia maneggiato come di sopra è detto e di sotto si dirà, sarà sempre con grande respetto assaltato; perché li uomini sono sempre nimici delle imprese dove si vegga difficultà, né si può vedere facilità assaltando uno che abbi la sua terra gagliarda e non sia odiato dal populo.

Le città di Alamagna sono liberissime, hanno poco contado, et obediscano allo imperatore quando le vogliono, e non temono né quello né altro potente che e abbino intorno; perché le sono in modo fortificate, che ciascuno pensa la espugnazione di esse dovere essere tediosa e difficile. Perché tutte hanno fossi e mura conveniente; hanno artiglierie a sufficienzia; tengono sempre nelle cànove publiche da bere e da mangiare e da ardere per uno anno; et oltre a questo, per potere tenere la plebe pasciuta e sanza perdita del pubblico, hanno sempre in comune per uno anno da potere dare loro da lavorare in quelli esercizii che sieno el nervo e la vita di quella città e delle industrie de' quali la plebe pasca. Tengono ancora li esercizii militari in reputazione, e sopra questo hanno molti ordini a mantenerli.

Uno principe, adunque, che abbi una città forte e non si facci odiare, non può essere assaltato; e, se pure fussi chi lo assaltassi, se ne partirà con vergogna; perché le cose del mondo sono sí varie, che elli è quasi impossibile che uno potessi con li eserciti stare uno anno ozioso a campeggiarlo. E chi replicasse: se il populo arà le sue possessioni fuora, e veggale ardere, non ci arà pazienza, et il lungo assedio e la carità propria li farà sdimenticare el principe; respondo che uno principe potente et animoso supererà sempre tutte quelle difficultà, dando ora speranza a' sudditi che el male non fia lungo, ora timore della crudeltà del nimico, ora assicurandosi con destrezza di quelli che li paressino troppo arditi. Oltre a questo, el nimico, ragionevolmente, debba ardere e ruinare el paese in sulla sua giunta e ne' tempi, quando li animi delli uomini sono ancora caldi e volenterosi alla difesa; e però tanto meno el principe debbe dubitare, perché, dopo qualche giorno, che li animi sono raffreddi, sono di già fatti e' danni, sono ricevuti e' mali, e non vi è più remedio; et allora tanto più si vengono a unire con il loro principe, parendo che lui abbia con loro obbligo sendo loro sute arse le case, ruinate le possessioni, per la difesa sua. E la natura delli uomini è, cosí obbligarsi per li benefizii che si fanno, come per quelli che si ricevano. Onde, se si considerrà bene tutto, non fia difficile a uno principe prudente tenere prima e poi fermi li animi de' sua cittadini nella ossidione, quando non li manchi da vivere né da difendersi.

Capitolo 11

De principatibus ecclesiasticis. [De' principati ecclesiastici]

Restaci solamente, al presente, a ragionare de' principati ecclesiastici: circa quali tutte le difficultà sono avanti che si possegghino: perché si acquistano o per virtù o per fortuna, e sanza l'una e l'altra si mantengano; perché sono sustentati dalli ordini antiquati nella religione, quali sono suti tanto potenti e di qualità che tengono e' loro principi in stato, in qualunque modo si procedino e vivino. Costoro soli hanno stati, e non li defendano; sudditi, e non li governano: e li stati, per essere indifesi, non sono loro tolti; e li sudditi, per non essere governati, non se ne curano, né pensano né possono alienarsi da loro. Solo, adunque, questi principati sono sicuri e felici. Ma, sendo quelli retti da cagioni superiore, alla quale mente umana non aggiugne, lascerò el parlarne; perché, sendo esaltati e mantenuti da Dio, sarebbe offizio di uomo prosuntuoso e temerario discorrerne. Non di manco, se alcuno mi ricercassi donde viene che la Chiesia, nel temporale, sia venuta a tanta grandezza, con ciò sia che da Alessandro indrieto, e' potentati italiani, et non solum quelli che si chiamavono e' potentati, ma ogni barone e signore, benché minimo, quanto al temporale, la estimava poco, et ora uno re di Francia ne trema, e lo ha possuto cavare di Italia e ruinare Viniziani: la qual cosa, ancora che sia nota, non mi pare superfluo ridurla in buona parte alla memoria.

Avanti che Carlo re di Francia passassi in Italia, era questa provincia sotto lo imperio del papa, Viniziani, re di Napoli, duca di Milano e Fiorentini. Questi potentati avevano ad avere dua cure principali: l'una, che uno forestiero non entrassi in Italia con le arme; l'altra, che veruno di loro occupassi più stato. Quelli a chi si aveva più cura erano Papa e Viniziani. Et a tenere indrieto Viniziani, bisognava la unione di tutti li altri, come fu nella difesa di Ferrara; et a tenere basso el Papa, si servivano de' baroni di Roma: li quali, sendo divisi in due fazioni, Orsini e Colonnesi, sempre vi era cagione di scandolo fra loro; e, stando con le arme in mano in su li occhi al pontefice, tenevano el pontificato debole et infermo. E, benché surgessi qualche volta uno papa animoso, come fu Sisto, tamen la fortuna o il sapere non lo possé mai disobbligare da queste incomodità. E la brevità della vita loro n'era cagione; perché in dieci anni che, ragguagliato, viveva uno papa, a fatica che potessi sbassare una delle fazioni; e se, verbigrazia, l'uno aveva quasi spenti Colonnesi, surgeva un altro inimico alli Orsini, che li faceva resurgere, e li Orsini non era a tempo a spegnere. Questo faceva che le forze temporali del papa erano poco stimate in Italia. Surse di poi Alessandro VI, il quale, di tutt'i pontefici che sono stati mai, monstrò quanto uno papa, e con il danaio e con le forze, si poteva prevalere, e fece, con lo instrumento del duca Valentino e con la occasione della passata de' Franzesi, tutte quelle cose che io discorro di sopra nelle azioni del duca. E, benché lo intento suo non fussi fare grande la Chiesia, ma il duca, nondimeno ciò che fece tornò a grandezza della Chiesia; la quale, dopo la sua morte, spento el duca, fu erede delle sue fatiche. Venne di poi papa Iulio; e trovò la Chiesia grande, avendo tutta la Romagna e sendo spenti e' baroni di Roma e, per le battiture di Alessandro, annullate quelle fazioni; e trovò ancora la via aperta al modo dello accumulare danari, non mai più usitato da Alessandro indrieto.

Le quali cose Iulio non solum seguitò, ma accrebbe; e pensò a guadagnarsi Bologna e spegnere e' Viniziani et a cacciare Franzesi di Italia; e tutte queste imprese li riuscirono, e con tanta più sua laude, quanto fece ogni cosa per accrescere la Chiesia e non alcuno privato. Mantenne ancora le parti Orsine e Colonnese in quelli termini che le trovò; e benché tra loro fussi qualche capo da fare alterazione, tamen dua cose li ha tenuti fermi: l'una, la grandezza della Chiesia, che li sbigottisce; l'altra, el non avere loro cardinali, li quali sono origine de' tumulti infra loro. Né mai staranno quiete queste parti, qualunque volta abbino cardinali, perché questi nutriscono, in Roma e fuora, le parti, e quelli baroni sono forzati a defenderle: e cosí dalla ambizione de' prelati nascono le discordie e li tumulti infra e' baroni. Ha trovato adunque la Santità di papa Leone

questo pontificato potentissimo: il quale si spera, se quelli lo
feciono grande con le arme, questo, con la bontà e infinite altre
sue virtù, lo farà grandissimo e venerando.

Capitolo 12

Quot sint genera militiae et de mercennariis militibus. [Di quante ragioni sia la milizia, e de' soldati mercennarii]

Avendo discorso particularmente tutte le qualità di quelli principati de' quali nel principio proposi di ragionare, e considerato in qualche parte le cagioni del bene e del male essere loro, e monstro e' modi con li quali molti hanno cerco di acquistarli e tenerli, mi resta ora a discorrere generalmente le offese e difese che in ciascuno de' prenominati possono accadere. Noi abbiamo detto di sopra, come a uno principe è necessario avere e' sua fondamenti buoni; altrimenti, conviene che rovini. E' principali fondamenti che abbino tutti li stati, cosí nuovi come vecchi o misti, sono le buone legge e le buone arme. E perché non può essere buone legge dove non sono buone arme, e dove sono buone arme conviene sieno buone legge, io lascerò indrieto el ragionare delle legge e parlerò delle arme.

Dico, adunque, che l'arme con le quali uno principe defende el suo stato, o le sono proprie o le sono mercennarie, o ausiliarie o miste. Le mercennarie et ausiliarie sono inutile e periculose; e, se uno tiene lo stato suo fondato in sulle arme mercennarie, non starà mai fermo né sicuro; perché le sono disunite, ambiziose, sanza disciplina, infedele; gagliarde fra' li amici; fra ' nimici, vile; non timore di Dio, non fede con li uomini, e tanto si differisce la ruina quanto si differisce lo assalto; e nella pace se' spogliato da loro, nella guerra da' nimici. La cagione di questo è, che le non hanno altro amore né altra cagione che le tenga in campo, che uno poco di stipendio, il quale non è sufficiente a fare che voglino morire per te. Vogliono bene essere tuoi soldati mentre che tu non fai guerra; ma, come la guerra viene, o fuggirsi o andarsene. La qual cosa doverrei durare poca fatica a persuadere, perché ora la ruina di Italia non è causata da altro che per essere in spazio di molti anni riposatasi in sulle arme mercennarie. Le quali feciono già per qualcuno qualche progresso, e parevano gagliarde infra loro; ma, come venne el forestiero, le mostrorono quello che elle erano. Onde che a Carlo re di Francia fu licito pigliare la Italia col gesso; e chi diceva come e' n'erano cagione e' peccati nostri, diceva il vero; ma non erano già quelli che credeva, ma questi che io ho narrati: e perché elli erano peccati di principi, ne hanno patito la pena ancora loro.

Io voglio dimonstrare meglio la infelicità di queste arme. E' capitani mercennarii, o sono uomini eccellenti, o no: se sono, non te ne puoi fidare, perché sempre aspireranno alla grandezza propria, o con lo opprimere te che li se' patrone, o con opprimere altri fuora della tua intenzione; ma, se non è il capitano virtuoso, ti rovina per l'ordinario. E se si responde che qualunque arà le arme in mano farà questo, o mercennario o no, replicherei come l'arme hanno ad essere operate o da uno principe o da una repubblica. El principe debbe andare in persona, e fare lui l'offizio del capitano; la repubblica ha a mandare sua cittadini; e quando ne manda uno che non riesca valente uomo, debbe cambiarlo; e quando sia, tenerlo con le leggi che non passi el segno. E per esperienzia si vede a' principi soli e repubbliche armate fare progressi grandissimi, et alle arme mercennarie non fare mai se non danno. E con più difficultà viene alla obedienza di uno suo cittadino una repubblica armata di arme proprie, che una armata di armi esterne.

Stettono Roma e Sparta molti secoli armate e libere. Svizzeri sono armatissimi e liberissimi. Delle arme mercennarie antiche in exemplis sono Cartaginesi; li quali furono per essere oppressi da' loro soldati mercennarii, finita la prima guerra con li Romani, ancora che Cartaginesi avessino per capi loro proprii cittadini. Filippo Macedone fu fatto da' Tebani, dopo la morte di Epaminunda, capitano delle loro gente; e tolse loro, dopo la vittoria, la libertà. Milanesi, morto il duca Filippo, soldorono Francesco Sforza contro a' Viniziani; il quale, superati li inimici a Caravaggio, si congiunse con loro per opprimere e' Milanesi suoi patroni. Sforza suo padre, sendo soldato della regina Giovanna di Napoli, la lasciò in un tratto disarmata; onde lei, per non perdere el regno, fu constretta gittarsi in grembo al re di Aragonia. E, se Viniziani e Fiorentini hanno per lo adrieto cresciuto lo imperio loro con queste arme, e li loro capitani non se ne sono però fatti principi ma li hanno difesi, respondo che Fiorentini in questo caso sono suti favoriti dalla sorte; perché de' capitani virtuosi, de' quali potevano temere, alcuni non hanno vinto, alcuni hanno avuto opposizione, altri hanno volto la ambizione loro altrove. Quello che non vinse fu Giovanni Aucut, del quale, non vincendo, non si poteva conoscere la fede; ma ognuno confesserà che, vincendo, stavano Fiorentini a sua discrezione. Sforza ebbe sempre e' Bracceschi contrarii, che guardorono l'uno l'altro. Francesco volse l'ambizione sua in Lombardia; Braccio contro alla Chiesia et il regno di Napoli. Ma vegniamo a quello che è seguito poco tempo fa. Feciono Fiorentini Paulo Vitelli loro capitano, uomo prudentissimo, e che di privata fortuna aveva presa grandissima reputazione. Se costui espugnava Pisa, veruno fia che nieghi come conveniva a' Fiorentini stare seco; perché, se fussi diventato soldato di loro nemici, non avevano remedio; e se lo tenevano, aveano ad obedirlo. Viniziani, se si considerrà e' progressi loro, si vedrà quelli avere securamente e gloriosamente operato mentre ferono la guerra loro proprii: che fu avanti che si volgessino con le loro imprese in terra: dove co' gentili uomini e con la plebe armata operorono virtuosissimamente; ma, come cominciorono a combattere in terra, lasciorono questa virtù, e seguitorono e' costumi delle guerre di Italia. E nel principio dello augumento loro in terra, per non vi avere molto stato e per essere in grande reputazione, non aveano da temere molto de' loro capitani; ma, come ellino ampliorono, che fu sotto el Carmignola, ebbono uno saggio di questo errore. Perché, vedutolo virtuosissimo, battuto che ebbono sotto il suo governo el duca di Milano, e conoscendo da altra parte come elli era raffreddo nella guerra, iudicorono con lui non potere più vincere, perché non voleva, né potere licenziarlo, per non riperdere ciò che aveano acquistato; onde che furono necessitati, per assicurarsene, ammazzarlo. Hanno di poi avuto per loro capitani Bartolomeo da Bergamo, Ruberto da San Severino, Conte di Pitigliano, e simili; con li quali aveano a temere della perdita, non del guadagno loro: come intervenne di poi a Vailà, dove, in una giornata, perderono quello che in ottocento anni, con tanta fatica, avevano acquistato. Perché da queste armi nascono solo e' lenti, tardi e deboli acquisti, e le subite e miraculose perdite. E, perché io sono venuto con questi esempli in Italia, la quale è stata governata molti anni dalle arme mercennarie, le voglio discorrere, e più da alto, acciò che, veduto l'origine e progressi di esse, si possa meglio correggerle.

Avete dunque a intendere come, tosto che in questi ultimi tempi lo imperio cominciò a essere ributtato di Italia, e che il papa nel temporale vi prese più reputazione, si divise la Italia in più stati; perché molte delle città grosse presono l'arme contra a' loro nobili, li quali, prima favoriti dallo imperatore, le tennono oppresse; e la Chiesia le favoriva per darsi reputazione nel temporale; di molte altre e' loro cittadini ne diventorono principi. Onde che, essendo venuta l'Italia quasi che nelle mani della Chiesia e di qualche Repubblica, et essendo quelli preti e quelli altri cittadini usi a non conoscere arme, cominciorono a soldare forestieri. El primo che dette reputazione a questa milizia fu Alberigo da Conio, romagnolo. Dalla disciplina di costui discese, intra li altri, Braccio e Sforza, che ne' loro tempi furono arbitri di Italia. Dopo questi, vennono tutti li altri che fino a' nostri tempi hanno governato queste arme. Et il fine della loro virtù è stato, che Italia è suta corsa da Carlo, predata da Luigi, sforzata da Ferrando e vituperata da' Svizzeri. L'ordine che ellino hanno tenuto, è stato, prima, per dare reputazione a loro proprii, avere tolto reputazione alle fanterie. Feciono questo, perché, sendo sanza stato et in sulla industria, e' pochi fanti non davano loro reputazione, e li assai non potevano nutrire; e però si ridussono a' cavalli, dove con numero sopportabile erano nutriti et onorati. Et erono ridotte le cose in termine, che in uno esercito di ventimila soldati non si trovava dumila fanti. Avevano, oltre a questo, usato ogni industria per levare a sé et a' soldati la fatica e la paura, non si ammazzando nelle zuffe, ma pigliandosi prigioni e sanza taglia. Non traevano la notte alle terre; quelli delle terre non traevano alle tende; non facevano intorno al campo né steccato né fossa; non campeggiavano el verno. E tutte queste cose erano permesse ne' loro ordini militari, e trovate da loro per fuggire, come è detto, e la fatica e li pericoli: tanto che li hanno condotta Italia stiava e vituperata.

Capitolo 13

De militibus auxiliariis, mixtis et propriis. [De' soldati ausiliarii, misti e proprii]

L'armi ausiliarie, che sono l'altre armi inutili, sono quando si chiama uno potente che con le arme sue ti venga ad aiutare e defendere: come fece ne' prossimi tempi papa Iulio; il quale, avendo visto nella impresa di Ferrara la trista pruova delle sue armi mercennarie, si volse alle ausiliarie, e convenne con Ferrando re di Spagna che con le sua gente et eserciti dovesse aiutarlo. Queste arme possono essere utile e buone per loro medesime, ma sono, per chi le chiama, quasi sempre dannose: perché, perdendo rimani disfatto, vincendo, resti loro prigione. Et ancora che di questi esempli ne siano piene le antiche istorie, non di manco io non mi voglio partire da questo esemplo fresco di papa Iulio II; el partito del quale non possé essere manco considerato, per volere Ferrara, cacciarsi tutto nelle mani d'uno forestiere. Ma la sua buona fortuna fece nascere una terza cosa, acciò non cogliessi el frutto della sua mala elezione: perché, sendo li ausiliari sua rotti a Ravenna, e surgendo e' Svizzeri che cacciorono e' vincitori, fuora d'ogni opinione e sua e d'altri, venne a non rimanere prigione delli inimici, sendo fugati, né delli ausiliarii sua, avendo vinto con altre arme che con le loro. Fiorentini, sendo al tutto disarmati, condussono diecimila Franzesi a Pisa per espugnarla: per il quale partito portorono più pericolo che in qualunque tempo de' travagli loro. Lo imperatore di Costantinopoli, per opporsi alli sua vicini, misse in Grecia diecimila Turchi; li quali, finita la guerra, non se ne volsono partire: il che fu principio della servitù di Grecia con li infedeli.

Colui, adunque, che vuole non potere vincere, si vaglia di queste arme, perché sono molto più pericolose che le mercennarie: perché in queste è la ruina fatta: sono tutte unite, tutte

volte alla obedienza di altri; ma nelle mercennarie, ad offender-
ti, vinto che le hanno, bisogna più tempo e maggiore occasione,
non sendo tutto uno corpo, et essendo trovate e pagate da te;
nelle quali uno terzo che tu facci capo, non può pigliare subito
tanta autorità che ti offenda. In somma, nelle mercennarie è
più pericolosa la ignavia, nelle ausiliarie, la virtù.

Uno principe, per tanto, savio, sempre ha fuggito queste arme, e voltosi alle proprie; et ha volsuto più tosto perdere con li
sua che vincere con li altri, iudicando non vera vittoria quella
che con le armi aliene si acquistassi. Io non dubiterò mai di al-
legare Cesare Borgia e le sue azioni. Questo duca intrò in Romagna con le armi ausiliarie, conducendovi tutte gente franzese, e con quelle prese Imola e Furlí, ma non li parendo poi tale
arme sicure, si volse alle mercennarie, iudicando in quelle
manco periculo; e soldò li Orsini e Vitelli. Le quali poi nel maneggiare trovando dubie et infideli e periculose, le spense, e
volsesi alle proprie. E puossi facilmente vedere che differenzia
è infra l'una e l'altra di queste arme, considerato che differenzia fu dalla reputazione del duca, quando aveva Franzesi soli e
quando aveva li Orsini e Vitelli, a quando rimase con li soldati
sua e sopr'a sé stesso e sempre si troverrà accresciuta; né mai
fu stimato assai, se non quando ciascuno vidde che lui era intero possessore delle sue arme.

Io non mi volevo partire dalli esempli italiani e freschi; tamen
non voglio lasciare indrieto Ierone Siracusano, sendo uno de'
soprannominati da me. Costui, come io dissi, fatto da' Siracusani capo delli eserciti, conobbe subito quella milizia mercennaria non essere utile, per essere conduttieri fatti come li nostri
italiani; e, parendoli non li possere tenere né lasciare, li fece
tutti tagliare a pezzi: e di poi fece guerra con le arme sua e non
con le aliene. Voglio ancora ridurre a memoria una figura del
Testamento Vecchio fatta a questo proposito. Offerendosi David a Saul di andare a combattere con Golia, provocatore fili-
steo, Saul, per dargli animo, l'armò dell'arme sua, le quali, come David ebbe indosso, recusò, dicendo con quelle non si potere bene valere di sé stesso, e però voleva trovare el nimico con
la sua fromba e con il suo   coltello.

In fine, l'arme d'altri, o le ti caggiono di dosso o le ti pesano o
le ti stringano. Carlo VII, padre del re Luigi XI, avendo, con la
sua fortuna e virtù, libera Francia dalli Inghilesi,   conobbe

questa necessità di armarsi di arme proprie, e ordinò nel suo regno l'ordinanza delle gente d'arme e delle fanterie. Di poi el re Luigi suo figliuolo spense quella de' fanti, e cominciò a soldare Svizzeri: il quale errore, seguitato dalli altri, è, come si vede ora in fatto, cagione de' pericoli di quello regno. Perché, avendo dato reputazione a' Svizzeri, ha invilito tutte l'arme sua; perché le fanterie ha spento e le sua gente d'arme ha obligato alle arme d'altri; perché, sendo assuefatte a militare con Svizzeri, non par loro di potere vincere sanza essi. Di qui nasce che Franzesi contro a Svizzeri non bastano, e sanza Svizzeri, contro ad altri non pruovano. Sono dunque stati li eserciti di Francia misti, parte mercennarii e parte proprii: le quali arme tutte insieme sono molto migliori che le semplici ausiliarie o le semplici mercennarie, e molto inferiore alle proprie. E basti lo esemplo detto; perché el regno di Francia sarebbe insuperabile, se l'ordine di Carlo era accresciuto o preservato. Ma la poca prudenzia delli uomini comincia una cosa, che, per sapere allora di buono, non si accorge del veleno che vi è sotto: come io dissi, di sopra delle febbre etiche.

Per tanto colui che in uno principato non conosce e' mali quando nascono, non è veramente savio; e questo è dato a pochi. E, se si considerassi la prima ruina dello Imperio romano, si troverrà essere suto solo cominciare a soldare e' Goti; perché da quello principio cominciorono a enervare le forze dello Imperio romano; e tutta quella virtù che si levava da lui si dava a loro. Concludo, adunque, che, sanza avere arme proprie, nessuno principato è sicuro; anzi è tutto obligato alla fortuna, non avendo virtù che nelle avversità lo difenda. E fu sempre opinione e sentenzia delli uomini savi, *quod nihil sit tam infirmum aut instabile quam fama potentiae non sua vi nixa*. E l'arme proprie son quelle che sono composte o di sudditi o di cittadini o di creati tua: tutte l'altre sono o mercennarie o ausiliarie. Et il modo ad ordinare l'arme proprie sarà facile a trovare, se si discorrerà li ordini de' quattro sopra nominati da me, e se si vedrà come Filippo, padre di Alessandro Magno, e come molte repubbliche e principi si sono armati et ordinati: a' quali ordini io al tutto mi rimetto.

14

Quod principem deceat circa militiam. [Quello che s'appartenga a uno principe circa la milizia]

Debbe adunque uno principe non avere altro obietto né altro pensiero, né prendere cosa alcuna per sua arte, fuora della guerra et ordini e disciplina di essa; perché quella è sola arte che si espetta a chi comanda. Et è di tanta virtù, che non solamente mantiene quelli che sono nati principi, ma molte volte fa li uomini di privata fortuna salire a quel grado; e per avverso si vede che, quando e' principi hanno pensato più alle delicatezze che alle arme, hanno perso lo stato loro. E la prima cagione che ti fa perdere quello, è negligere questa arte; e la cagione che te lo fa acquistare, è lo essere professo di questa arte.

Francesco Sforza, per essere armato, di privato diventò duca di Milano; e' figliuoli, per fuggire e' disagi delle arme, di duchi diventorono privati. Perché, intra le altre cagioni che ti arreca di male lo essere disarmato, ti fa contennendo: la quale è una di quelle infamie dalle quali el principe si debbe guardare, come di sotto si dirà. Perché da uno armato a uno disarmato non è proporzione alcuna; e non è ragionevole che chi è armato obedisca volentieri a chi è disarmato, e che il disarmato stia sicuro intra servitori armati. Perché, sendo nell'uno sdegno e nell'altro sospetto, non è possibile operino bene insieme. E però uno principe che della milizia non si intenda, oltre alle altre infelicità, come è detto, non può essere stimato da' sua soldati né fidarsi di loro.

Debbe per tanto mai levare el pensiero da questo esercizio della guerra, e nella pace vi si debbe più esercitare che nella guerra: il che può fare in dua modi; l'uno con le opere, l'altro con la mente. E, quanto alle opere, oltre al tenere bene ordinati et esercitati li sua, debbe stare sempre in sulle caccie, e mediante quelle assuefare el corpo a' disagi; e parte imparare la natura de' siti, e conoscere come surgono e' monti, come imboccano le valle, come iacciono e' piani, et intendere la natura de' fiumi e de' paduli, et in questo porre grandissima cura. La quale cognizione è utile in dua modi. Prima, s'impara a conoscere el suo paese, e può meglio intendere le difese di esso; di poi, mediante la cognizione e pratica di quelli siti, con facilità comprendere ogni altro sito che di nuovo li sia necessario speculare: perché li poggi, le valli, e' piani, e' fiumi, e' paduli che sono, verbigrazia, in Toscana, hanno con quelli dell'altre provincie certa similitudine: tal che dalla cognizione del sito di una provincia si può facilmente venire alla cognizione dell'altre. E quel principe che manca di questa perizie, manca della prima parte che vuole avere uno capitano; perché questa insegna trovare el nimico, pigliare li alloggiamenti, condurre li eserciti, ordinare le giornate, campeggiare le terre con tuo vantaggio.

Filopemene, principe delli Achei, intra le altre laude che dalli scrittori li sono date, è che ne' tempi della pace non pensava mai se non a' modi della guerra; e, quando era in campagna con li amici, spesso si fermava e ragionava con quelli. - Se li nimici fussino in su quel colle, e noi ci trovassimo qui col nostro esercito, chi di noi arebbe vantaggio? come si potrebbe ire, servando li ordini, a trovarli? se noi volessimo ritirarci, come aremmo a fare? se loro si ritirassino, come aremmo a seguirli? - E proponeva loro, andando, tutti e' casi che in uno esercito possono occorrere; intendeva la opinione loro, diceva la sua, corroboravala con le ragioni: tal che, per queste continue cogitazioni, non posseva mai, guidando li eserciti, nascere accidente alcuno, che lui non avessi el remedio.

Ma quanto allo esercizio della mente, debbe el principe leggere le istorie, et in quelle considerare le azioni delli uomini eccellenti, vedere come si sono governati nelle guerre, esaminare le cagioni della vittoria e perdite loro, per potere queste fuggire, e quelle imitare; e sopra tutto fare come ha fatto per l'adrieto qualche uomo eccellente, che ha preso ad imitare se alcuno innanzi a lui è stato laudato e gloriato, e di quello ha tenuto sempre e' gesti et azioni appresso di sé: come si dice che Alessandro Magno imitava Achille; Cesare Alessandro; Scipione Ciro. E qualunque legge la vita di Ciro scritta da Senofonte, riconosce di poi nella vita di Scipione quanto quella imitazione li fu di gloria, e quanto, nella castità, affabilità, umanità, liberalità Scipione si conformassi con quelle cose che di Ciro da Senofonte sono sute scritte. Questi simili modi debbe osservare uno principe savio, e mai ne' tempi pacifici stare ozioso, ma con industria farne capitale, per potersene valere nelle avversità, acciò che, quando si muta la fortuna, lo truovi parato a resisterle.

Capitolo 15

De his rebus quibus homines et praesertim principes laudantur aut vituperantur. [Di quelle cose per le quali li uomini, e specialmente i principi, sono laudati o vituperati]

Resta ora a vedere quali debbano essere e' modi e governi di uno principe con sudditi o con li amici. E, perché io so che molti di questo hanno scritto, dubito, scrivendone ancora io, non essere tenuto prosuntuoso, partendomi, massime nel disputare questa materia, dalli ordini delli altri. Ma, sendo l'intento mio scrivere cosa utile a chi la intende, mi è parso più conveniente andare drieto alla verità effettuale della cosa, che alla immaginazione di essa. E molti si sono immaginati repubbliche e principati che non si sono mai visti né conosciuti essere in vero; perché elli è tanto discosto da come si vive a come si doverrebbe vivere, che colui che lascia quello che si fa per quello che si doverrebbe fare, impara più tosto la ruina che la perservazione sua: perché uno uomo che voglia fare in tutte le parte professione di buono, conviene rovini infra tanti che non sono buoni. Onde è necessario a uno principe, volendosi mantenere, imparare a potere essere non buono, et usarlo e non usare secondo la necessità.

Lasciando adunque indrieto le cose circa uno principe immaginate, e discorrendo quelle che sono vere, dico che tutti li uomini, quando se ne parla, e massime e' principi, per essere posti più alti, sono notati di alcune di queste qualità che arrecano loro o biasimo o laude. E questo è che alcuno è tenuto liberale, alcuno misero (usando uno termine toscano, perché *avaro* in nostra lingua è ancora colui che per rapina desidera di avere, *misero* chiamiamo noi quello che si astiene troppo di usare il suo); alcuno è tenuto donatore, alcuno rapace; alcuno crudele, alcuno pietoso; l'uno fedifrago, l'altro fedele; l'uno effeminato e pusillanime, l'altro feroce et animoso; l'uno umano, l'altro superbo; l'uno lascivo, l'altro casto; l'uno intero, l'altro astuto; l'uno duro, l'altro facile; l'uno grave l'altro leggieri; l'uno relligioso, l'altro incredulo, e simili. Et io so che ciascuno confesserà che sarebbe laudabilissima cosa uno principe trovarsi di tutte le soprascritte qualità, quelle che sono tenute buone: ma, perché non si possono avere né interamente osservare, per le condizioni umane che non lo consentono, li è necessario essere tanto prudente che sappia fuggire l'infamia di quelle che li torrebbano lo stato, e da quelle che non gnene tolgano guardarsi, se elli è possibile; ma, non possendo, vi si può con meno respetto lasciare andare. Et etiam non si curi di incorrere nella infamia di quelli vizii sanza quali possa difficilmente salvare lo stato; perché, se si considerrà bene tutto, si troverrà qualche cosa che parrà virtù, e seguendola sarebbe la ruina sua; e qualcuna altra che parrà vizio, e seguendola ne riesce la securtà et il bene essere suo.

16

De liberalitate et parsimonia. [Della liberalità e della parsimonia]

Cominciandomi, adunque alle prime soprascritte qualità dico come sarebbe bene essere tenuto liberale: non di manco, la liberalità, usata in modo che tu sia tenuto, ti offende; perché se ella si usa virtuosamente e come la si debbe usare, la non fia conosciuta, e non ti cascherà l'infamia del suo contrario. E però, a volersi mantenere infra li uomini el nome del liberale, è necessario non lasciare indrieto alcuna qualità di suntuosità; talmente che, sempre uno principe cosí fatto consumerà in simili opere tutte le sue facultà; e sarà necessitato alla fine, se si vorrà mantenere el nome del liberale, gravare e' populi estraordinariamente et essere fiscale, e fare tutte quelle cose che si possono fare per avere danari. Il che comincerà a farlo odioso con sudditi, e poco stimare da nessuno, diventando povero; in modo che, con questa sua liberalità avendo offeso li assai e premiato e' pochi, sente ogni primo disagio, e periclita in qualunque primo periculo: il che conoscendo lui, e volendosene ritrarre, incorre subito nella infamia del misero.

Uno principe, adunque, non potendo usare questa virtù del liberale sanza suo danno, in modo che la sia conosciuta, debbe, s'elli è prudente, non si curare del nome del misero: perché col tempo sarà tenuto sempre più liberale, veggendo che con la sua parsimonia le sua intrate li bastano, può defendersi da chi li fa guerra, può fare imprese sanza gravare e' populi; talmente che viene a usare liberalità a tutti quelli a chi non toglie, che sono infiniti, e miseria a tutti coloro a chi non dà, che sono pochi. Ne' nostri tempi noi non abbiamo veduto fare gran cose se non a quelli che sono stati tenuti miseri; li altri essere spenti. Papa Iulio II, come si fu servito del nome del liberale per aggiugnere al papato, non pensò poi a mantenerselo, per potere fare guerra. El re di Francia presente ha fatto tante guerre sanza porre uno dazio estraordinario a' sua, solum perché alle superflue spese ha sumministrato la lunga parsimonia sua. El re di Spagna presente, se fussi tenuto liberale, non arebbe fatto né vinto tante imprese.

Per tanto, uno principe debbe esistimare poco, per non avere a rubare e' sudditi, per potere defendersi, per non diventare povero e contennendo, per non essere forzato di diventare rapace, di incorrere nel nome del misero; perché questo è uno di quelli vizii che lo fanno regnare. E se alcuno dicessi: Cesare con la liberalità pervenne allo imperio, e molti altri, per essere stati et essere tenuti liberali, sono venuti a gradi grandissimi; rispondo: o tu se' principe fatto, o tu se' in via di acquistarlo: nel primo caso, questa liberalità è dannosa; nel secondo, è bene necessario essere tenuto liberale. E Cesare era uno di quelli che voleva pervenire al principato di Roma; ma, se, poi che vi fu venuto, fussi sopravvissuto, e non si fussi temperato da quelle spese, arebbe destrutto quello imperio. E se alcuno replicassi: molti sono stati principi, e con li eserciti hanno fatto gran cose, che sono stati tenuti liberalissimi; ti respondo: o el principe spende del suo e de' sua sudditi, o di quello d'altri; nel primo caso, debbe essere parco; nell'altro, non debbe lasciare indrieto parte alcuna di liberalità. E quel principe che va con li eserciti, che si pasce di prede, di sacchi e di taglie, maneggia quel di altri, li è necessaria questa liberalità; altrimenti non sarebbe seguíto da' soldati. E di quello che non è tuo, o di sudditi tua, si può essere più largo donatore: come fu Ciro, Cesare et Alessandro; perché lo spendere quello d'altri non ti toglie reputazione, ma te ne aggiugne; solamente lo spendere el tuo è quello che ti nuoce. E non ci è cosa che consumi sé stessa quanto la liberalità: la quale mentre che tu usi, perdi la facultà di usarla; e diventi, o povero e contennendo, o, per fuggire la povertà, rapace et odioso. Et intra tutte le cose di che uno principe si debbe guardare, è lo essere contennendo et odioso; e la liberalità all'una e l'altra cosa ti conduce. Per tanto è più sapienzia tenersi el nome del misero, che partorisce una infamia sanza odio, che, per volere el nome del liberale, essere necessitato incorrere nel nome di rapace, che partorisce una infamia con odio.

Capitolo 17

De crudelitate et pietate; et an sit melius amari quam timeri, vel e contra. [Della crudeltà e pietà e s'elli è meglio esser amato che temuto, o più tosto temuto che amato]

Scendendo appresso alle altre preallegate qualità, dico che ciascuno principe debbe desiderare di essere tenuto pietoso e non crudele: non di manco debbe avvertire di non usare male questa pietà. Era tenuto Cesare Borgia crudele; non di manco quella sua crudeltà aveva racconcia la Romagna, unitola, ridottola in pace et in fede. Il che se si considerrà bene, si vedrà quello essere stato molto più pietoso che il populo fiorentino, il quale, per fuggire el nome del crudele, lasciò destruggere Pistoia. Debbe, per tanto, uno principe non si curare della infamia di crudele, per tenere e' sudditi sua uniti et in fede; perché, con pochissimi esempli sarà più pietoso che quelli e' quali, per troppa pietà, lasciono seguire e' disordini, di che ne nasca occisioni o rapine: perché queste sogliono offendere una universalità intera, e quelle esecuzioni che vengono dal principe offendono uno particulare. Et intra tutti e' principi, al principe nuovo è impossibile fuggire el nome di crudele, per essere li stati nuovi pieni di pericoli. E Virgilio, nella bocca di Didone, dice:

> *Res dura, et regni novitas me talia cogunt*
> *Moliri, et late fines custode tueri.*

Non di manco debbe essere grave al credere et al muoversi, né si fare paura da sé stesso, e procedere in modo temperato con prudenza et umanità, che la troppa confidenzia non lo facci incauto e la troppa diffidenzia non lo renda intollerabile.

Nasce da questo una disputa: s'elli è meglio essere amato che temuto, o e converso. Rispondesi che si vorrebbe essere l'uno e l'altro; ma perché elli è difficile accozzarli insieme, è molto più sicuro essere temuto che amato, quando si abbia a mancare dell'uno de' dua. Perché delli uomini si può dire questo generalmente: che sieno ingrati, volubili, simulatori e dissimulatori, fuggitori de' pericoli, cupidi di guadagno; e mentre fai loro bene, sono tutti tua, ófferonti el sangue, la roba, la vita e' figliuoli, come di sopra dissi, quando il bisogno è discosto; ma, quando ti si appressa, e' si rivoltano. E quel principe che si è tutto fondato in sulle parole loro, trovandosi nudo di altre preparazioni, rovina; perché le amicizie che si acquistano col prezzo, e non con grandezza e nobiltà di animo, si meritano, ma elle non si hanno, et a' tempi non si possano spendere. E li uomini hanno meno respetto a offendere uno che si facci amare, che uno che si facci temere; perché l'amore è tenuto da uno vinculo di obbligo, il quale, per essere li uomini tristi, da ogni occasione di propria utilità è rotto; ma il timore è tenuto da una paura di pena che non abbandona mai. Debbe non di manco el principe farsi temere in modo, che, se non acquista lo amore, che fugga l'odio; perché può molto bene stare insieme esser temuto e non odiato; il che farà sempre, quando si astenga dalla roba de' sua cittadini e de' sua sudditi, e dalle donne loro: e quando pure li bisognasse procedere contro al sangue di alcuno, farlo quando vi sia iustificazione conveniente e causa manifesta; ma, sopra tutto, astenersi dalla roba d'altri; perché li uomini sdimenticano più presto la morte del padre che la perdita del patrimonio. Di poi, le cagioni del tòrre la roba non mancono mai; e, sempre, colui che comincia a vivere con rapina, truova cagione di occupare quel d'altri; e, per avverso, contro al sangue sono più rare e mancono più presto.

Ma, quando el principe è con li eserciti et ha in governo multitudine di soldati, allora al tutto è necessario non si curare del nome di crudele; perché sanza questo nome non si tenne mai esercito unito né disposto ad alcuna fazione. Intra le mirabili azioni di Annibale si connumera questa, che, avendo uno esercito grossissimo, misto di infinite generazioni di uomini, condotto a militare in terre aliene, non vi surgessi mai alcuna dissensione, né infra loro né contro al principe, cosí nella cattiva come nella sua buona fortuna. Il che non poté nascere da altro che da quella sua inumana crudeltà, la quale, insieme con infinite sua virtù, lo fece sempre nel cospetto de' suoi soldati venerando e terribile; e sanza quella, a fare quello effetto le altre sua virtù non li bastavano. E li scrittori poco considerati, dall'una parte ammirano questa sua azione, dall'altra dannono la principale cagione di essa. E che sia vero che l'altre sua virtù non sarebbano bastate, si può considerare in Scipione, rarissimo non solamente ne' tempi sua, ma in tutta la memoria delle cose che si sanno, dal quale li eserciti sua in Ispagna si rebellorono. Il che non nacque da altro che dalla troppa sua pietà, la quale aveva data a' sua soldati più licenzia che alla disciplina militare non si conveniva. La qual cosa li fu da Fabio Massimo in Senato rimproverata, e chiamato da lui corruttore della romana milizia. E' Locrensi, sendo stati da uno legato di Scipione destrutti, non furono da lui vendicati, né la insolenzia di quello legato corretta, nascendo tutto da quella sua natura facile; talmente che, volendolo alcuno in Senato escusare, disse come elli erano di molti uomini che sapevano meglio non errare, che correggere li errori. La qual natura arebbe col tempo violato la fama e la gloria di Scipione, se elli avessi con essa perseverato nello imperio; ma, vivendo sotto el governo del Senato, questa sua qualità dannosa non solum si nascose, ma li fu a gloria.

Concludo adunque, tornando allo essere temuto et amato, che, amando li uomini a posta loro, e temendo a posta del principe, debbe uno principe savio fondarsi in su quello che è suo, non in su quello che è d'altri: debbe solamente ingegnarsi di fuggire lo odio, come è detto.

18

Quomodo fides a principibus sit servanda. [In che modo e' principi abbino a mantenere la fede]

Quanto sia laudabile in uno principe mantenere la fede e vivere con integrità e non con astuzia, ciascuno lo intende: non di manco si vede, per esperienzia ne' nostri tempi, quelli principi avere fatto gran cose che della fede hanno tenuto poco conto, e che hanno saputo con l'astuzia aggirare e' cervelli delli uomini; et alla fine hanno superato quelli che si sono fondati in sulla lealtà.

Dovete adunque sapere come sono dua generazione di combattere: l'uno con le leggi, l'altro con la forza: quel primo è proprio dello uomo, quel secondo delle bestie: ma, perché el primo molte volte non basta, conviene ricorrere al secondo. Per tanto a uno principe è necessario sapere bene usare la bestia e lo uomo. Questa parte è suta insegnata a' principi copertamente dalli antichi scrittori; li quali scrivono come Achille, e molti altri di quelli principi antichi, furono dati a nutrire a Chirone centauro, che sotto la sua disciplina li custodissi. Il che non vuol dire altro, avere per precettore uno mezzo bestia e mezzo uomo, se non che bisogna a uno principe sapere usare l'una e l'altra natura; e l'una sanza l'altra non è durabile.

Sendo adunque, uno principe necessitato sapere bene usare la bestia, debbe di quelle pigliare la golpe e il lione; perché il lione non si defende da' lacci, la golpe non si difende da' lupi. Bisogna, adunque, essere golpe a conoscere e' lacci, e lione a sbigottire e' lupi. Coloro che stanno semplicemente in sul lione, non se ne intendano. Non può per tanto uno signore prudente, né debbe, osservare la fede, quando tale osservanzia li torni contro e che sono spente le cagioni che la feciono promettere. E, se li uomini fussino tutti buoni, questo precetto non sarebbe buono; ma perché sono tristi, e non la osservarebbano a te, tu etiam non l'hai ad osservare a loro. Né mai a uno principe mancorono cagioni legittime di colorare la inosservanzia. Di questo se ne potrebbe dare infiniti esempli moderni e monstrare quante pace, quante promesse sono state fatte irrite e vane per la infedelità de' principi: e quello che ha saputo meglio usare la golpe, è meglio capitato. Ma è necessario questa natura saperla bene colorire, et essere gran simulatore e dissimulatore: e sono tanto semplici li uomini, e tanto obediscano alle necessità presenti, che colui che inganna troverrà sempre chi si lascerà ingannare.

Io non voglio, delli esempli freschi, tacerne uno. Alessandro VI non fece mai altro, non pensò mai ad altro, che ad ingannare uomini: e sempre trovò subietto da poterlo fare. E non fu mai uomo che avessi maggiore efficacia in asseverare, e con maggiori giuramenti affermassi una cosa, che l'osservassi meno; non di meno sempre li succederono li inganni ad votum, perché conosceva bene questa parte del mondo.

A uno principe, adunque, non è necessario avere in fatto tutte le soprascritte qualità, ma è bene necessario parere di averle. Anzi ardirò di dire questo, che, avendole et osservandole sempre, sono dannose, e parendo di averle, sono utile: come parere pietoso, fedele, umano, intero, relligioso, et essere; ma stare in modo edificato con l'animo, che, bisognando non essere, tu possa e sappi mutare el contrario. Et hassi ad intendere questo, che uno principe, e massime uno principe nuovo, non può osservare tutte quelle cose per le quali li uomini sono tenuti buoni, sendo spesso necessitato, per mantenere lo stato, operare contro alla fede, contro alla carità, contro alla umanità, contro alla religione. E però bisogna che elli abbi uno animo disposto a volgersi secondo ch'e' venti e le variazioni della fortuna li comandono, e, come di sopra dissi, non partirsi dal bene, potendo, ma sapere intrare nel male, necessitato.

Debbe, adunque, avere uno principe gran cura che non li esca mai di bocca una cosa che non sia piena delle soprascritte cinque qualità, e paia, a vederlo et udirlo, tutto pietà, tutto fede, tutto integrità, tutto relligione. E non è cosa più necessaria a parere di avere che questa ultima qualità. E li uomini in universali iudicano più alli occhi che alle mani; perché tocca a vedere a ognuno, a sentire a pochi. Ognuno vede quello che tu pari, pochi sentono quello che tu se'; e quelli pochi non ardiscano opporsi alla opinione di molti che abbino la maestà dello stato che li difenda: e nelle azioni di tutti li uomini, e massime de' principi, dove non è iudizio da reclamare, si guarda al fine. Facci dunque uno principe di vincere e mantenere lo stato: e' mezzi saranno sempre iudicati onorevoli, e da ciascuno laudati; perché el vulgo ne va preso con quello che pare e con lo evento della cosa; e nel mondo non è se non vulgo; e li pochi ci hanno luogo quando li assai hanno dove appoggiarsi. Alcuno principe de' presenti tempi, quale non è bene nominare, non predica mai altro che pace e fede, e dell'una e dell'altra è inimicissimo; e l'una e l'altra, quando e' l'avessi osservata, li arebbe più volte tolto o la reputazione o lo stato.

Capitolo 19

De contemptu et odio fugiendo. [In che modo si abbia a fuggire lo essere sprezzato e odiato]

Ma perché, circa le qualità di che di sopra si fa menzione io ho parlato delle più importanti, l'altre voglio discorrere brevemente sotto queste generalità, che il principe pensi, come di sopra in parte è detto, di fuggire quelle cose che lo faccino odioso e contennendo; e qualunque volta fuggirà questo, arà adempiuto le parti sua, e non troverrà nelle altre infamie periculo alcuno. Odioso lo fa, sopr'a tutto, come io dissi, lo essere rapace et usurpatore della roba e delle donne de' sudditi: di che si debbe astenere; e qualunque volta alle universalità delli uomini non si toglie né roba né onore, vivono contenti, e solo si ha a combattere con la ambizione di pochi, la quale in molti modi, e con facilità si raffrena. Contennendo lo fa esser tenuto vario, leggieri, effeminato, pusillanime, irresoluto: da che uno principe si debbe guardare come da uno scoglio, et ingegnarsi che nelle azioni sua si riconosca grandezza, animosità, gravità, fortezza, e, circa maneggi privati de' sudditi, volere che la sua sentenzia sia irrevocabile; e si mantenga in tale opinione, che alcuno non pensi né a ingannarlo né ad aggirarlo.

Quel principe che dà di sé questa opinione, è reputato assai; e contro a chi è reputato, con difficultà si congiura, con difficultà è assaltato, purché s'intenda che sia eccellente e reverito da' sua. Perché uno principe debbe avere dua paure: una dentro, per conto de' sudditi; l'altra di fuora, per conto de' potentati esterni. Da questa si difende con le buone arme e con li buoni amici; e sempre, se arà buone arme, arà buoni amici; e sempre staranno ferme le cose di dentro, quando stieno ferme quelle di fuora, se già le non fussino perturbate da una congiura; e quando pure quelle di fuora movessino, s'elli è ordinato e

vissuto come ho detto, quando non si abbandoni, sempre so-
sterrà ogni impeto, come io dissi che fece Nabide spartano.
Ma, circa sudditi, quando le cose di fuora non muovino, si ha a
temere che non coniurino secretamente: di che el principe si
assicura assai, fuggendo lo essere odiato o disprezzato, e te-
nendosi el populo satisfatto di lui; il che è necessario conseguire, come di sopra a lungo si disse. Et uno de' più potenti rime-
dii che abbi uno principe contro alle coniure, è non essere odiato dallo universale: perché sempre chi congiura crede con la
morte del principe satisfare al populo; ma, quando creda offen-
derlo, non piglia animo a prendere simile partito, perché le difficultà che sono dalla parte de' congiuranti sono infinite. E per
esperienzia si vede molte essere state le coniure, e poche avere
avuto buon fine. Perché chi coniura non può essere solo, ne
può prendere compagnia se non di quelli che creda esser malcontenti; e subito che a uno mal contento tu hai scoperto
l'animo tuo, li dài materia a contentarsi, perché manifestamente lui ne può sperare ogni commodità: talmente che, veggendo
el guadagno fermo da questa parte, e dall'altra veggendolo dubio e pieno di periculo, conviene bene o che sia raro amico, o
che sia al tutto ostinato inimico del principe, ad osservarti la
fede. E, per ridurre la cosa in brevi termini, dico che dalla parte del coniurante, non è se non paura, gelosia, sospetto di pena
che lo sbigottisce; ma, dalla parte del principe, è la maestà del
principato, le leggi, le difese delli amici e dello stato che lo difendano: talmente che, aggiunto a tutte queste cose la benivolenzia populare, è impossibile che alcuno sia sí temerario che
congiuri. Perché, per lo ordinario, dove uno coniurante ha a temere innanzi alla esecuzione del male, in questo caso debbe temere ancora poi, avendo per inimico el populo, seguíto lo ec-
cesso, né potendo per questo sperare refugio   alcuno.

Di questa materia se ne potria dare infiniti esempli; ma voglio solo esser contento di uno, seguito alla memoria de' padri
nostri. Messer Annibale Bentivogli, avolo del presente messer
Annibale, che era principe in Bologna, sendo da' Canneschi,
che li coniurorono contro suto ammazzato, né rimanendo di lui
altri che messer Giovanni, che era in fasce, subito dopo tale
omicidio, si levò el populo et ammazzò tutti e' Canneschi. Il che
nacque dalla benivolenzia populare che la casa de' Bentivogli
aveva in quelli tempi: la quale fu tanta, che, non restando   di

quella alcuno in Bologna che potessi, morto Annibale, reggere
lo stato, et avendo indizio come in Firenze era uno nato de'
Bentivogli che si teneva fino allora figliuolo di uno fabbro, vennono e' Bolognesi per quello in Firenze, e li dettono el governo
di quella città: la quale fu governata da lui fino a tanto che
messer Giovanni pervenissi in età conveniente al governo.

Concludo, per tanto, che uno principe debbe tenere delle
congiure poco conto, quando el popolo li sia benivolo; ma,
quando li sia inimico et abbilo in odio, debbe temere d'ogni cosa e d'ognuno. E li stati bene ordinati e li principi savi hanno
con ogni diligenzia pensato di non desperare e' grandi e di satisfare al populo e tenerlo contento; perché questa è una delle
più importanti materie che abbia uno principe.

Intra regni bene ordinati e governati, a' tempi nostri, è quello
di Francia: et in esso si truovano infinite constituzione buone,
donde depende la libertà e sicurtà del re; delle quali la prima è
il parlamento e la sua autorità. Perché quello che ordinò quel
regno, conoscendo l'ambizione de' potenti e la insolenzia loro,
e iudicando esser loro necessario uno freno in bocca che li cor-
reggessi e, da altra parte, conoscendo l'odio dello universale
contro a' grandi fondato in sulla paura, e volendo assicurarli,
non volse che questa fussi particulare cura del re, per tòrli quel
carico che potessi avere co' grandi favorendo li populari, e co'
populari favorendo e' grandi; e però constituí uno iudice terzo,
che fussi quello che, sanza carico del re battessi e' grandi e fa-
vorissi e' minori. Né poté essere questo ordine migliore né più
prudente, né che sia maggiore cagione della securtà del re e
del regno. Di che si può trarre un altro notabile: che li principi
debbono le cose di carico fare sumministrare ad altri, quelle di
grazia a loro medesimi. Di nuovo concludo che uno principe
debbe stimare e' grandi, ma non si fare odiare dal populo.

Parrebbe forse a molti, considerato la vita e morte di alcuno
imperatore romano, che fussino esempli contrarii a questa mia
opinione, trovando alcuno essere vissuto sempre egregiamente
e monstro grande virtù d'animo, non di meno avere perso lo
imperio, ovvero essere stato morto da' sua, che li hanno coniu-
rato contro. Volendo per tanto rispondere a queste obiezioni,
discorrerò le qualità di alcuni imperatori, monstrando le cagioni della loro ruina, non disforme da quello che da me si è ad-
dutto; e parte metterò in considerazione quelle cose che   sono

notabili a chi legge le azioni di quelli tempi. E voglio mi basti pigliare tutti quelli imperatori che succederono allo imperio da Marco filosofo a Massimino: li quali furono Marco, Commodo suo figliuolo, Pertinace, Iuliano, Severo, Antonino Caracalla suo figliuolo, Macrino, Eliogabalo, Alessandro e Massimino. Et è prima da notare che dove nelli altri principati si ha solo a contendere con la ambizione de' grandi et insolenzia de' populi, l'imperatori romani avevano una terza difficultà, di avere a sopportare la crudeltà et avarizia de' soldati. La qual cosa era sí difficile che la fu cagione della ruina di molti; sendo difficile satisfare a' soldati et a' populi; perché e' populi amavono la quiete, e per questo amavono e' principi modesti, e li soldati amavono el principe d'animo militare, e che fussi insolente, crudele e rapace. Le quali cose volevano che lui esercitassi ne' populi, per potere avere duplicato stipendio e sfogare la loro avarizia e crudeltà. Le quali cose feciono che quelli imperatori che, per natura o per arte, non aveano una grande reputazione, tale che con quella tenessino l'uno e l'altro in freno, sempre ruinavono; e li più di loro, massime quelli che come uomini nuovi venivano al principato, conosciuta la difficultà di questi dua diversi umori, si volgevano a satisfare a' soldati, stimando poco lo iniuriare el populo. Il quale partito era necessario: perché, non potendo e' principi mancare di non essere odiati da qualcuno, si debbano prima forzare di non essere odiati dalla università; e, quando non possono conseguire questo, si debbono ingegnare con ogni industria fuggire l'odio di quelle università che sono più potenti. E però quelli imperatori che per novità avevano bisogno di favori estraordinarii, si aderivano a' soldati più tosto che a' populi: il che tornava loro, non di meno, utile o no, secondo che quel principe si sapeva mantenere reputato con loro. Da queste cagioni sopradette nacque che Marco, Pertinace et Alessandro, sendo tutti di modesta vita, amatori della iustizia, nimici della crudeltà, umani e benigni, ebbono tutti, da Marco in fuora, tristo fine. Marco solo visse e morí onoratissimo, perché lui succedé allo imperio iure hereditario, e non aveva a riconoscere quello né da' soldati né da' populi; di poi, sendo accompagnato da molte virtù che lo facevano venerando, tenne sempre, mentre che visse. l'uno ordine e l'altro intra termini sua, e non fu mai né odiato né disprezzato. Ma Pertinace fu creato imperatore contro alla voglia de' soldati, li quali, sendo usi a vivere licenziosamente sotto Commodo, non poterono sopportare quella vita onesta alla quale Pertinace li voleva ridurre; onde, avendosi creato odio, et a questo odio aggiunto el disprezzo sendo vecchio ruinò ne' primi principii della sua amministrazione.

E qui si debbe notare che l'odio s'acquista cosí mediante le buone opere, come le triste: e però, come io dissi di sopra, uno principe, volendo mantenere lo stato, è spesso forzato a non essere buono; perché, quando quella università, o populo o soldati o grandi che sieno, della quale tu iudichi avere per mantenerti bisogno, è corrotta, ti conviene seguire l'umore suo per satisfarlo, et allora le buone opere ti sono nimiche. Ma vegniamo ad Alessandro: il quale fu di tanta bontà, che intra le altre laude che li sono attribuite, è questa, che in quattordici anni che tenne l'imperio, non fu mai morto da lui alcuno iniudicato; non di manco, sendo tenuto effeminato et uomo che si lasciassi governare alla madre, e per questo venuto in disprezzo, conspirò in lui l'esercito, et ammazzollo.

Discorrendo ora, per opposito, le qualità di Commodo, di Severo, Antonino Caracalla e Massimino, li troverrete crudelissimi e rapacissimi; li quali, per satisfare a' soldati, non perdonorono ad alcuna qualità di iniuria che ne' populi si potessi commettere; e tutti, eccetto Severo, ebbono triste fine. Perché in Severo fu tanta virtù, che, mantenendosi soldati amici, ancora che populi fussino da lui gravati, possé sempre regnare felicemente; perché quelle sua virtù lo facevano nel conspetto de' soldati e de' populi sí mirabile, che questi rimanevano quodammodo attoniti e stupidi, e quelli altri reverenti e satisfatti. E perché le azioni di costui furono grandi in un principe nuovo, io voglio monstrare brevemente quanto bene seppe usare la persona della golpe e del lione: le quali nature io dico di sopra essere necessario imitare a uno principe. Conosciuto Severo la ignavia di Iuliano imperatore, persuase al suo esercito, del quale era in Stiavonia capitano, che elli era bene andare a Roma a vendicare la morte di Pertinace, il quale da' soldati pretoriani era suto morto; e sotto questo colore, sanza monstrare di aspirare allo imperio, mosse lo esercito contro a Roma; e fu prima in Italia che si sapessi la sua partita. Arrivato, a Roma, fu dal Senato, per timore, eletto imperatore e morto Iuliano. Restava, dopo questo principio, a Severo dua difficultà, volendosi insignorire di tutto lo stato: l'una in Asia, dove Nigro, capo delli eserciti asiatici, s'era fatto chiamare imperatore; e l'altra in ponente, dove era Albino, quale ancora lui aspirava allo imperio. E, perché iudicava periculoso scoprirsi inimico a tutti e dua, deliberò di assaltare Nigro et ingannare Albino. Al quale scrisse come, sendo dal Senato eletto imperatore, voleva partecipare quella dignità con lui; e mandolli el titulo di Cesare, e per deliberazione del Senato, se lo aggiunse collega: le quali cose da Albino furono accettate per vere. Ma, poiché Severo ebbe vinto e morto Nigro, e pacate le cose orientali, ritornatosi a Roma, si querelò in Senato, come Albino, poco conoscente de' benefizii ricevuti da lui, aveva dolosamente cerco di ammazzarlo, e per questo lui era necessitato andare a punire la sua ingratitudine. Di poi andò a trovarlo in Francia, e li tolse lo stato e la vita.

Chi esaminerà adunque tritamente le azioni di costui, lo troverrà uno ferocissimo lione et una astutissima golpe; e vedrà quello temuto e reverito da ciascuno, e dalli eserciti non odiato; e non si maraviglierà se lui, uomo nuovo, arà possuto tenere tanto imperio: perché la sua grandissima reputazione lo difese sempre da quello odio ch'e' populi per le sue rapine avevano potuto concipere. Ma Antonino suo figliuolo fu ancora lui uomo che aveva parte eccellentissime e che lo facevano maraviglioso nel conspetto de' populi e grato a' soldati; perché era uomo militare, sopportantissimo d'ogni fatica, disprezzatore d'ogni cibo delicato e d'ogni altra mollizie: la qual cosa lo faceva amare da tutti li eserciti. Non di manco la sua ferocia e crudeltà fu tanta e sí inaudita, per avere, dopo infinite occisioni particulari, morto gran parte del populo di Roma, e tutto quello di Alessandria, che diventò odiosissimo a tutto il mondo; e cominciò ad essere temuto etiam da quelli che elli aveva intorno: in modo che fu ammazzato da uno centurione in mezzo del suo esercito. Dove è da notare che queste simili morti, le quali seguano per deliberazione d'uno animo ostinato, sono da' principi inevitabili, perché ciascuno che non si curi di morire lo può offendere; ma debbe bene el principe temerne meno, perché le sono rarissime. Debbe solo guardarsi di non fare grave iniuria ad alcuno di coloro de' quali si serve, e che elli ha d'intorno al servizio del suo principato: come aveva fatto Antonino, il quale aveva morto contumeliosamente uno fratello di quel centurione, e lui ogni

giorno minacciava; tamen lo teneva a guardia del corpo suo: il
che era partito temerario e da ruinarvi, come li intervenne.

Ma vegniamo a Commodo, al quale era facilità grande tenere
l'imperio, per averlo iure hereditario, sendo figliuolo di Marco;
e solo li bastava seguire le vestigie del padre, et a' soldati et a'
populi arebbe satisfatto; ma, sendo d'animo crudele e bestiale,
per potere usare la sua rapacità ne' populi, si volse ad intrattenere li eserciti e farli licenziosi; dall'altra parte, non tenendo la
sua dignità, discendendo spesso ne' teatri a combattere co' gla-
diatori, e facendo altre cose vilissime e poco degne della maestà imperiale, diventò contennendo nel conspetto de' soldati. Et
essendo odiato dall'una parte e disprezzato dall'altra, fu conspirato in lui, e morto.

Restaci a narrare le qualità di Massimino. Costui fu uomo
bellicosissimo; et essendo li eserciti infastiditi della mollizie di
Alessandro, del quale ho di sopra discorso, morto lui, lo elessono allo imperio. Il quale non molto tempo possedé; perché dua
cose lo feciono odioso e contennendo: l'una, essere vilissimo
per avere già guardato le pecore in Tracia (la qual cosa era per
tutto notissima e li faceva una grande dedignazione nel conspetto di qualunque); l'altra, perché, avendo nello ingresso del
suo principato, differito lo andare a Roma et intrare nella possessione della sedia imperiale, aveva dato di sé opinione di cru-
delissimo, avendo per li sua prefetti, in Roma e in qualunque
luogo dello Imperio, esercitato molte crudeltà. Tal che, com-
mosso tutto el mondo dallo sdegno per la viltà del suo sangue,
e dallo odio per la paura della sua ferocia, si rebellò prima Affrica, di poi el Senato con tutto el populo di Roma, e tutta Italia
li conspirò contro. A che si aggiunse el suo proprio esercito;
quale, campeggiando Aquileia e trovando difficultà nella espugnazione, infastidito della crudeltà sua, e per vederli tanti inimici temendolo meno, lo ammazzò.

Io non voglio ragionare né di Eliogabalo né di Macrino né di
Iuliano, li quali, per essere al tutto contennendi, si spensono
subito; ma verrò alla conclusione di questo discorso. E dico,
che li principi de' nostri tempi hanno meno questa difficultà di
satisfare estraordinariamente a' soldati ne' governi loro; perché, non ostante che si abbi ad avere a quelli qualche considerazione, tamen si resolve presto, per non avere alcuno di questi
principi eserciti insieme, che sieno inveterati con li governi e

amministrazione delle provincie, come erano li eserciti dello imperio romano. E però, se allora era necessario satisfare più a' soldati che a' populi, era perché soldati potevano più che e' populi; ora è più necessario a tutti e' principi, eccetto che al Turco et al Soldano, satisfare a' populi che a' soldati, perché e' populi possono più di quelli. Di che io ne eccettuo el Turco, tenendo sempre quello intorno a sé dodici mila fanti e quindici mila cavalli, da' quali depende la securtà e la fortezza del suo regno; et è necessario che, posposto ogni altro respetto, quel signore se li mantenga amici. Similmente el regno del Soldano sendo tutto in mano de' soldati, conviene che ancora lui, sanza respetto de' populi, se li mantenga amici. Et avete a notare che questo stato del Soldano è disforme da tutti li altri principati; perché elli è simile al pontificato cristiano, il quale non si può chiamare né principato ereditario né principato nuovo; perché non e' figliuoli del principe vecchio sono eredi e rimangono signori, ma colui che è eletto a quel grado da coloro che ne hanno autorità. Et essendo questo ordine antiquato, non si può chiamare principato nuovo, perché in quello non sono alcune di quelle difficultà che sono ne' nuovi; perché, se bene el principe è nuovo, li ordini di quello stato sono vecchi et ordinati a riceverlo come se fussi loro signore ereditario.

Ma torniamo alla materia nostra. Dico che qualunque considerrà el soprascritto discorso, vedrà o l'odio o il disprezzo esser suto cagione della ruina di quelli imperatori prenominati, e conoscerà ancora donde nacque che, parte di loro procedendo in uno modo e parte al contrario, in qualunque di quelli, uno di loro ebbe felice e li altri infelice fine. Perché a Pertinace et Alessandro, per essere principi nuovi, fu inutile e dannoso volere imitare Marco, che era nel principato iure hereditario; e similmente a Caracalla, Commodo e Massimino essere stata cosa perniziosa imitare Severo, per non avere avuta tanta virtù che bastassi a seguitare le vestigie sua. Per tanto uno principe nuovo in uno principato nuovo non può imitare le azioni di Marco, né ancora è necessario seguitare quelle di Severo; ma debbe pigliare da Severo quelle parti che per fondare el suo stato sono necessarie, e da Marco quelle che sono convenienti e gloriose a conservare uno stato che sia già stabilito e fermo.

Capitolo 20

An arces et multa alia quae cotidie a principibus fiunt utilia an inutilia sint. [Se le fortezze e molte altre cose, che ogni giorno si fanno da' principi, sono utili o no]

Alcuni principi, per tenere securamente lo stato, hanno disarmato e' loro sudditi; alcuni altri hanno tenuto divise le terre subiette; alcuni hanno nutrito inimicizie contro a sé medesimi; alcuni altri si sono volti a guadagnarsi quelli che li erano suspetti nel principio del suo stato; alcuni hanno edificato fortezze; alcuni le hanno ruinate e destrutte. E benché di tutte queste cose non vi possa dare determinata sentenzia, se non si viene a' particulari di quelli stati dove si avessi a pigliare alcuna simile deliberazione, non di manco io parlerò in quel modo largo che la materia per sé medesima sopporta.

Non fu mai, adunque, che uno principe nuovo disarmassi e' sua sudditi; anzi, quando li ha trovati disarmati, li ha sempre armati; perché, armandosi, quelle arme diventono tua, diventono fedeli quelli che ti sono sospetti, e quelli che erano fedeli si mantengono e di sudditi si fanno tua partigiani. E perché tutti sudditi non si possono armare, quando si benefichino quelli che tu armi, con li altri si può fare più a sicurtà: e quella diversità del procedere che conoscono in loro, li fa tua obbligati; quelli altri ti scusano, iudicando essere necessario, quelli avere più merito che hanno più periculo e più obligo. Ma, quando tu li disarmi, tu cominci ad offenderli, monstri che tu abbi in loro diffidenzia o per viltà o per poca fede: e l'una e l'altra di queste opinioni concepe odio contro di te. E perché tu non puoi stare disarmato, conviene ti volti alla milizia mercennaria, la quale è di quella qualità che di sopra è detto; e, quando la fussi buona, non può essere tanta, che ti difenda da' nimici potenti e da' sudditi sospetti. Però, come io ho detto, uno principe nuovo   in uno principato nuovo sempre vi ha ordinato l'arme. Di questi esempli sono piene le istorie. Ma, quando uno principe acquista uno stato nuovo, che come membro si aggiunga al suo vecchio, allora è necessario disarmare quello stato, eccetto quelli che nello acquistarlo sono suti tua partigiani; e quelli ancora, col tempo e con le occasioni, è necessario renderli molli et effeminati, et ordinarsi in modo che tutte l'arme del tuo stato sieno in quelli soldati tua proprii, che nello stato tuo antiquo vivono appresso di te.

Solevano li antiqui nostri, e quelli che erano stimati savi, dire come era necessario tenere Pistoia con le parti e Pisa con le fortezze; e per questo nutrivano in qualche terra loro suddita le differenzie, per possederle più facilmente. Questo, in quelli tempi che Italia era in uno certo modo bilanciata, doveva essere ben fatto; ma non credo che si possa dare oggi per precetto: perché io non credo che le divisioni facessino mai bene alcuno; anzi è necessario, quando il nimico si accosta che le città divise si perdino subito; perché sempre la parte più debole si aderirà alle forze esterne, e l'altra non potrà reggere.

E' Viniziani, mossi, come io credo, dalle ragioni soprascritte, nutrivano le sètte guelfe e ghibelline nelle città loro suddite; e benché non li lasciassino mai venire al sangue, tamen nutrivano fra loro questi dispareri, acciò che, occupati quelli cittadini in quelle loro differenzie, non si unissino contro di loro. Il che, come si vide, non tornò loro poi a proposito; perché sendo rotti a Vailà, subito una parte di quelle prese ardire, e tolsono loro tutto lo stato. Arguiscano, per tanto, simili modi debolezza del principe, perché in uno principato gagliardo mai si permetteranno simili divisioni; perché le fanno solo profitto a tempo di pace, potendosi mediante quelle più facilmente maneggiare e' sudditi; ma, venendo la guerra, monstra simile ordine la fallacia sua.

Sanza dubbio e' principi diventano grandi, quando superano le difficultà e le opposizioni che sono fatte loro; e però la fortuna, massime quando vuol fare grande uno principe nuovo, il quale ha maggiore necessità di acquistare reputazione che uno ereditario, gli fa nascere de' nemici, e li fa fare delle imprese contro, acciò che quello abbi cagione di superarle, e su per quella scala che li hanno pòrta e' nimici sua, salire più alto. Però molti iudicano che uno principe savio debbe, quando ne abbi la occasione, nutrirsi con astuzia qualche inimicizia, acciò che, oppresso quella, ne seguiti maggiore sua grandezza.

Hanno e' principi, et praesertim quelli che sono nuovi, trovato più fede e più utilità in quelli uomini che nel principio del loro stato sono suti tenuti sospetti, che in quelli che nel principio erano confidenti. Pandolfo Petrucci, principe di Siena, reggeva lo stato suo più con quelli che li furono sospetti che con li altri. Ma di questa cosa non si può parlare largamente, perché la varia secondo el subietto. Solo dirò questo, che quelli uomini che nel principio di uno principato erono stati inimici, che sono di qualità che a mantenersi abbino bisogno di appoggiarsi, sempre el principe con facilità grandissima se li potrà guadagnare; e loro maggiormente sono forzati a servirlo con fede, quanto conoscano esser loro più necessario cancellare con le opere quella opinione sinistra che si aveva di loro. E cosí el principe ne trae sempre più utilità, che di coloro che, servendolo con troppa sicurtà, straccurono le cose sua.

E poiché la materia lo ricerca, non voglio lasciare indrieto ricordare a' principi, che hanno preso uno stato di nuovo mediante e' favori intrinseci di quello, che considerino bene qual cagione abbi mosso quelli che lo hanno favorito, a favorirlo; e, se ella non è affezione naturale verso di loro, ma fussi solo perché quelli non si contentavano di quello stato, con fatica e difficultà grande se li potrà mantenere amici, perché e' fia impossibile che lui possa contentarli. E discorrendo bene, con quelli esempli che dalle cose antiche e moderne si traggono, la cagione di questo, vedrà esserli molto più facile guadagnarsi amici quelli uomini che dello stato innanzi si contentavono, e però erano sua inimici, che quelli che, per non se ne contentare li diventorono amici e favorironlo a occuparlo.

È suta consuetudine de' principi, per potere tenere più securamente lo stato loro, edificare fortezze, che sieno la briglia e il freno di quelli che disegnassino fare loro contro, et avere uno refugio securo da uno subito impeto. Io laudo questo modo, perché elli è usitato ab antiquo: non di manco messer Niccolò Vitelli, ne' tempi nostri, si è visto disfare dua fortezze in Città di Castello, per tenere quello stato. Guido Ubaldo, duca di Urbino, ritornato nella sua dominazione, donde da Cesare Borgia era suto cacciato, ruinò funditus tutte le fortezze di quella provincia, e iudicò sanza quelle più difficilmente riperdere   quello stato. Bentivogli, ritornati in Bologna, usorono simili termini. Sono, dunque, le fortezze utili o no, secondo e' tempi: e se le ti fanno bene in una parte, ti offendano in un'altra. E puossi discorrere questa parte cosí: quel principe che ha più paura de' populi che de' forestieri, debbe fare le fortezze; ma quello che ha più paura de' forestieri che de' populi, debbe lasciarle indrieto. Alla casa Sforzesca ha fatto e farà più guerra el castello di Milano, che vi edificò Francesco Sforza, che alcuno altro disordine di quello stato. Però la migliore fortezza che sia, è non essere odiato dal populo; perché, ancora che tu abbi le fortezze, et il populo ti abbi in odio, le non ti salvono; perché non mancano mai a' populi, preso che li hanno l'armie forestieri che li soccorrino. Ne' tempi nostri non si vede che quelle abbino profittato ad alcuno principe, se non alla contessa di Furlí, quando fu morto el conte Girolamo suo consorte; perché mediante quella possé fuggire l'impeto populare, et aspettare el soccorso da Milano, e recuperare lo stato. E li tempi stavano allora in modo, che il forestiere non posseva soccorrere el populo; ma di poi, valsono ancora a poco lei le fortezze, quando Cesare Borgia l'assaltò, e che il populo suo inimico si coniunse co' forestieri. Per tanto allora e prima sarebbe suto più sicuro a lei non essere odiata dal populo, che avere le fortezze. Considerato, adunque, tutte queste cose, io lauderò chi farà le fortezze e chi non le farà, e biasimerò qualunque, fidandosi delle fortezze, stimerà poco essere odiato da' populi.

21

Quod principem deceat ut egregius habeatur. [Che si conviene a un principe perché sia stimato]

Nessuna cosa fa tanto stimare uno principe, quanto fanno le grandi imprese e dare di sé rari esempli. Noi abbiamo ne' nostri tempi Ferrando di Aragonia, presente re di Spagna. Costui si può chiamare quasi principe nuovo, perché, d'uno re debole, è diventato per fama e per gloria el primo re de' Cristiani; e, se considerrete le azioni sua, le troverrete tutte grandissime e qualcuna estraordinaria. Lui nel principio del suo regno assaltò la Granata; e quella impresa fu il fondamento dello stato suo. Prima, e' la fece ozioso, e sanza sospetto di essere impedito: tenne occupati in quella li animi di quelli baroni di Castiglia, li quali, pensando a quella guerra, non pensavano a innovare; e lui acquistava in quel mezzo reputazione et imperio sopra di loro, che non se ne accorgevano. Possé nutrire con danari della Chiesia e de' populi eserciti, e fare uno fondamento, con quella guerra lunga, alla milizia sua, la quale lo ha di poi onorato. Oltre a questo, per possere intraprendere maggiori imprese, servendosi sempre della relligione, si volse ad una pietosa crudeltà, cacciando e spogliando, el suo regno, de' Marrani; né può essere questo esemplo più miserabile né più raro. Assaltò, sotto questo medesimo mantello, l'Affrica; fece l'impresa di Italia; ha ultimamente assaltato la Francia: e cosí sempre ha fatte et ordite cose grandi, le quali sempre hanno tenuto sospesi et ammirati li animi de' sudditi e occupati nello evento di esse. E sono nate queste sua azioni in modo l'una dall'altra, che non ha dato mai, infra l'una e l'altra, spazio alli uomini di potere quietamente operarli contro.

Giova ancora assai a uno principe dare di sé esempli rari circa governi di dentro, simili a quelli che si narrano di messer

Bernabò da Milano, quando si ha l'occasione di qualcuno che operi qualche cosa estraordinaria, o in bene o in male, nella vita civile, e pigliare uno modo, circa premiarlo o punirlo, di che s'abbia a parlare assai. E sopra tutto uno principe si debbe ingegnare dare di sé in ogni sua azione fama di uomo grande e di uomo eccellente.

È ancora stimato uno principe, quando elli è vero amico e vero inimico, cioè quando sanza alcuno respetto si scuopre in favore di alcuno contro ad un altro. Il quale partito fia sempre più utile che stare neutrale: perché, se dua potenti tua vicini vengono alle mani, o sono di qualità che, vincendo uno di quelli, tu abbia a temere del vincitore, o no. In qualunque di questi dua casi, ti sarà sempre più utile lo scoprirti e fare buona guerra; perché nel primo caso, se non ti scuopri, sarai sempre preda di chi vince, con piacere e satisfazione di colui che è stato vinto, e non hai ragione né cosa alcuna che ti defenda né che ti riceva. Perché, chi vince, non vuole amici sospetti e che non lo aiutino nelle avversità; chi perde, non ti riceve, per non avere tu voluto con le arme in mano correre la fortuna sua.

Era passato in Grecia Antioco, messovi dalli Etoli per cacciarne Romani. Mandò Antioco ambasciatori alli Achei, che erano amici de' Romani, a confortarli a stare di mezzo; e da altra parte Romani li persuadevano a pigliare le arme per loro. Venne questa materia a deliberarsi nel concilio delli Achei, dove el legato di Antioco li persuadeva a stare neutrali: a che el legato romano respose: "*Quod autem isti dicunt non interponendi vos bello, nihil magis alienum rebus vestris est; sine gratia, sine dignitate, praemium victoris eritis*".

E sempre interverrà che colui che non è amico ti ricercherà della neutralità, e quello che ti è amico ti richiederà che ti scuopra con le arme. E li principi mal resoluti per fuggire e' presenti periculi, seguono el più delle volte quella via neutrale, e il più delle volte rovinano. Ma, quando el principe si scuopre gagliardamente in favore d'una parte, se colui con chi tu ti aderisci vince, ancora che sia potente e che tu rimanga a sua discrezione, elli ha teco obligo, e vi è contratto l'amore; e li uomini non sono mai sí disonesti, che con tanto esemplo di ingratitudine ti opprimessino. Di poi, le vittorie non sono mai sí stiette, che il vincitore non abbi ad avere qualche respetto, e massime alla giustizia. Ma, se quello con il quale tu ti aderisci perde, tu se' ricevuto da lui; e mentre che può ti aiuta, e diventi compagno d'una fortuna che può resurgere. Nel secondo caso, quando quelli che combattono insieme sono di qualità che tu non abbia a temere, tanto è maggiore prudenzia lo aderirsi; perché tu vai alla ruina d'uno con lo aiuto di chi lo doverrebbe salvare, se fussi savio; e, vincendo, rimane a tua discrezione, et è impossibile, con lo aiuto tuo, che non vinca.

E qui è da notare, che uno principe debbe avvertire di non fare mai compagnia con uno più potente di sé per offendere altri, se non quando la necessità lo stringe, come di sopra si dice; perché, vincendo, rimani suo prigione: e li principi debbono fuggire, quanto possono, lo stare a discrezione di altri. Viniziani si accompagnorono con Francia contro al duca di Milano, e potevono fuggire di non fare quella compagnia; di che ne resultò la ruina loro. Ma, quando non si può fuggirla, come intervenne a' Fiorentini, quando el papa e Spagna andorono con li eserciti ad assaltare la Lombardia, allora si debba el principe aderire per le ragioni sopradette. Né creda mai alcuno stato potere pigliare partiti securi, anzi pensi di avere a prenderli tutti dubii; perché si truova questo nell'ordine delle cose, che mai non si cerca fuggire uno inconveniente che non si incorra in uno altro; ma la prudenzia consiste in sapere conoscere le qualità delli inconvenienti, e pigliare il men tristo per buono.

Debbe ancora uno principe monstrarsi amatore delle virtù, et onorare li eccellenti in una arte. Appresso, debbe animare li sua cittadini di potere quietamente esercitare li esercizii loro, e nella mercanzia e nella agricultura, et in ogni altro esercizio delli uomini, e che quello non tema di ornare le sua possessione per timore che le li sieno tolte, e quell'altro di aprire uno traffico per paura delle taglie; ma debbe preparare premi a chi vuol fare queste cose, et a qualunque pensa, in qualunque modo ampliare la sua città o il suo stato. Debbe, oltre a questo, ne' tempi convenienti dell'anno, tenere occupati e' populi con le feste e spettaculi. E, perché ogni città è divisa in arte o in tribù, debbe tenere conto di quelle università, raunarsi con loro qualche volta, dare di sé esempli di umanità e di munificenzia, tenendo sempre ferma non di manco la maestà della dignità sua, perché questo non vuole mai mancare in cosa alcuna.

Capitolo 22

De his quos a secretis principes habent. [De' secretarii ch'e' principi hanno appresso di loro]

Non è di poca importanzia a uno principe la elezione de' ministri: li quali sono buoni o no, secondo la prudenzia del principe. E la prima coniettura che si fa del cervello d'uno signore, è vedere li uomini che lui ha d'intorno; e quando sono sufficienti e fedeli, sempre si può reputarlo savio, perché ha saputo conoscerli sufficienti e mantenerli fideli. Ma, quando sieno altrimenti, sempre si può fare non buono iudizio di lui; perché el primo errore che fa, lo fa in questa elezione.

Non era alcuno che conoscessi messer Antonio da Venafro per ministro di Pandolfo Petrucci, principe di Siena che non iudicasse Pandolfo essere valentissimo uomo, avendo quello per suo ministro. E perché sono di tre generazione cervelli, l'uno intende da sé, l'altro discerne quello che altri intende, el terzo non intende né sé né altri, quel primo è eccellentissimo, el secondo eccellente, el terzo inutile, conveniva per tanto di necessità, che, se Pandolfo non era nel primo grado, che fussi nel secondo: perché, ogni volta che uno ha iudicio di conoscere el bene o il male che uno fa e dice, ancora che da sé non abbia invenzione, conosce l'opere triste e le buone del ministro, e quelle esalta e le altre corregge; et il ministro non può sperare di ingannarlo, e mantiensi buono.

Ma come uno principe possa conoscere el ministro, ci è questo modo che non falla mai. Quando tu vedi el ministro pensare più a sé che a te, e che in tutte le azioni vi ricerca dentro l'utile suo, questo tale cosí fatto mai fia buono ministro, mai te ne potrai fidare: perché quello che ha lo stato d'uno in mano, non debbe pensare mai a sé, ma sempre al principe, e non li ricordare mai cosa che non appartenga a lui. E dall'altro canto, el principe, per mantenerlo buono, debba pensare al ministro, onorandolo, facendolo ricco, obligandoselo, participandoli li onori e carichi; acciò che vegga che non può stare sanza lui, e che li assai onori non li faccino desiderare più onori, le assai ricchezze non li faccino desiderare più ricchezze, li assai carichi li faccino temere le mutazioni. Quando dunque, e' ministri e li principi circa ministri sono cosí fatti, possono confidare l'uno dell'altro; e quando altrimenti, il fine sempre fia dannoso o per l'uno o per l'altro.

Capitolo 23

Quomodo adulatores sint fugiendi. [In che modo si abbino a fuggire li adulatori]

Non voglio lasciare indrieto uno capo importante et uno errore dal quale e' principi con difficultà si difendano, se non sono prudentissimi, o se non hanno buona elezione. E questi sono li adulatori, delli quali le corti sono piene; perché li uomini si compiacciono tanto nelle cose loro proprie et in modo vi si ingannono, che con difficultà si difendano da questa peste; et a volersene defendere, si porta periculo di non diventare contennendo. Perché non ci è altro modo a guardarsi dalle adulazioni, se non che li uomini intendino che non ti offendino a dirti el vero; ma, quando ciascuno può dirti el vero, ti manca la reverenzia. Per tanto uno principe prudente debbe tenere uno terzo modo, eleggendo nel suo stato uomini savi, e solo a quelli debbe dare libero arbitrio a parlarli la verità, e di quelle cose sole che lui domanda, e non d'altro; ma debbe domandarli d'ogni cosa, e le opinioni loro udire; di poi deliberare da sé, a suo modo; e con questi consigli e con ciascuno di loro portarsi in modo, che ognuno cognosca che quanto più liberamente si parlerà, tanto più li fia accetto: fuora di quelli, non volere udire alcuno, andare drieto alla cosa deliberata, et essere ostinato nelle deliberazioni sua. Chi fa altrimenti, o e' precipita per li adulatori, o si muta spesso per la variazione de' pareri: di che ne nasce la poca estimazione sua.

Io voglio a questo proposito addurre uno esemplo moderno. Pre' Luca, uomo di Massimiliano presente imperatore, parlando di sua maestà disse come non si consigliava con persona, e non faceva mai di alcuna cosa a suo modo: il che nasceva dal tenere contrario termine al sopradetto. Perché l'imperatore è uomo secreto, non comunica li sua disegni con persona, non ne piglia parere: ma, come nel metterli ad effetto si cominciono   a conoscere e scoprire, li cominciono ad essere contradetti da coloro che elli ha d'intorno; e quello, come facile, se ne stoglie. Di qui nasce che quelle cose che fa uno giorno, destrugge l'altro; e che non si intenda mai quello si voglia o disegni fare, e che non si può sopra le sua deliberazioni fondarsi.

Uno principe, per tanto, debbe consigliarsi sempre, ma quando lui vuole, e non quando vuole altri; anzi debbe tòrre animo a ciascuno di consigliarlo d'alcuna cosa, se non gnene domanda; ma lui debbe bene esser largo domandatore, e di poi circa le cose domandate paziente auditore del vero; anzi, intendendo che alcuno per alcuno respetto non gnene dica, turbarsene. E perché molti esistimano che alcuno principe, il quale dà di sé opinione di prudente, sia cosí tenuto non per sua natura, ma per li buoni consigli che lui ha d'intorno, sanza dubio s'inganna. Perché questa è una regola generale che non falla mai: che uno principe, il quale non sia savio per sé stesso, non può essere consigliato bene, se già a sorte non si rimettessi in uno solo che al tutto lo governassi, che fussi uomo prudentissimo. In questo caso, potria bene essere, ma durerebbe poco, perché quello governatore in breve tempo li torrebbe lo stato; ma, consigliandosi con più d'uno, uno principe che non sia savio non arà mai e' consigli uniti, non saprà per sé stesso unirli: de' consiglieri, ciascuno penserà alla proprietà sua; lui non li saprà correggere, né conoscere. E non si possono trovare altrimenti; perché li uomini sempre ti riusciranno tristi, se da una necessità non sono fatti buoni. Però si conclude che li buoni consigli, da qualunque venghino, conviene naschino dalla prudenzia del principe, e non la prudenza del principe da' buoni consigli.

24

Cur Italiae principes regnum amiserunt.
[Per quale cagione li principi di Italia hanno perso li stati loro]

Le cose soprascritte, osservate prudentemente, fanno parere, uno principe nuovo antico, e lo rendono subito più sicuro e più fermo nello stato, che se vi fussi antiquato dentro. Perché uno principe nuovo è molto più osservato nelle sue azioni che uno ereditario; e, quando le sono conosciute virtuose, pigliono molto più li uomini e molto più li obligano che il sangue antico. Perché li uomini sono molto più presi dalle cose presenti che dalle passate, e quando nelle presenti truovono il bene, vi si godono e non cercano altro; anzi, piglieranno ogni difesa per lui, quando non manchi nell'altre cose a sé medesimo. E cosí arà duplicata gloria, di avere dato principio a uno principato nuovo, e ornatolo e corroboratolo di buone legge di buone arme, di buoni amici e di buoni esempli; come quello ha duplicata vergogna, che, nato principe, lo ha per sua poca prudenzia perduto.

E, se si considerrà quelli signori che in Italia hanno perduto lo stato a' nostri tempi, come il re di Napoli, duca di Milano et altri, si troverrà in loro, prima, uno comune defetto quanto alle arme, per le cagioni che di sopra si sono discorse; di poi, si vedrà alcuno di loro o che arà avuto inimici e' populi, o, se arà avuto el popolo amico, non si sarà saputo assicurare de' grandi: perché, sanza questi difetti, non si perdono li stati che abbino tanto nervo che possino tenere uno esercito alla campagna. Filippo Macedone, non il padre di Alessandro, ma quello che fu vinto da Tito Quinto, aveva non molto stato, respetto alla grandezza de' Romani e di Grecia che lo assaltò: non di manco, per esser uomo militare e che sapeva intrattenere el populo et assicurarsi de' grandi, sostenne più anni la guerra contro a   quelli:

e, se alla fine perdé il dominio di qualche città, li rimase non di manco el regno.

Per tanto, questi nostri principi, che erano stati molti anni nel principato loro, per averlo di poi perso non accusino la fortuna, ma la ignavia loro: perché, non avendo mai ne' tempi quieti pensato che possono mutarsi, (il che è comune defetto delli uomini, non fare conto nella bonaccia della tempesta), quando poi vennono i tempi avversi, pensorono a fuggirsi e non a defendersi; e sperorono ch'e' populi, infastiditi dalla insolenzia de' vincitori, li richiamassino. Il quale partito, quando mancano li altri, è buono; ma è bene male avere lasciati li altri remedii per quello: perché non si vorrebbe mai cadere, per credere di trovare chi ti ricolga. Il che, o non avviene, o, s'elli avviene non è con tua sicurtà, per essere quella difesa suta vile e non dependere da te. E quelle difese solamente sono buone, sono certe, sono durabili, che dependono da te proprio e dalla virtù tua.

Capitolo 25

Quantum fortuna in rebus humanis possit, et quomodo illi sit occurrendum. [Quanto possa la Fortuna nelle cose umane, et in che modo se li abbia a resistere]

E' non mi è incognito come molti hanno avuto et hanno opinione che le cose del mondo sieno in modo governate dalla fortuna e da Dio, che li uomini con la prudenzia loro non possino correggerle, anzi non vi abbino remedio alcuno; e per questo, potrebbono iudicare che non fussi da insudare molto nelle cose, ma lasciarsi governare alla sorte. Questa opinione è suta più creduta ne' nostri tempi, per la variazione grande delle cose che si sono viste e veggonsi ogni dí, fuora d'ogni umana coniettura. A che pensando io qualche volta, mi sono in qualche parte inclinato nella opinione loro. Non di manco, perché el nostro libero arbitrio non sia spento, iudico potere essere vero che la fortuna sia arbitra della metà delle azioni nostre, ma che etiam lei ne lasci governare l'altra metà, o presso, a noi. Et assomiglio quella a uno di questi fiumi rovinosi, che, quando s'adirano, allagano e' piani, ruinano li arberi e li edifizii, lievono da questa parte terreno, pongono da quell'altra: ciascuno fugge loro dinanzi, ognuno cede allo impeto loro, sanza potervi in alcuna parte obstare. E, benché sieno cosí fatti, non resta però che li uomini, quando sono tempi quieti, non vi potessino fare provvedimenti, e con ripari et argini, in modo che, crescendo poi, o andrebbono per uno canale, o l'impeto loro non sarebbe né si licenzioso né si dannoso. Similmente interviene della fortuna: la quale dimonstra la sua potenzia dove non è ordinata virtù a resisterle, e quivi volta li sua impeti, dove la sa che non sono fatti li argini e li ripari a tenerla. E se voi considerrete l'Italia, che è la sedia di queste variazioni e quella che ha dato loro el moto, vedrete essere una campagna sanza argini e sanza alcuno riparo: ché, s'ella fussi reparata da conveniente virtù, come la Magna, la Spagna e la Francia, o questa piena non arebbe fatte le variazioni grandi che ha, o la non ci sarebbe venuta. E questo voglio basti avere detto quanto allo avere detto allo opporsi alla fortuna, in universali.

Ma, restringendomi più a' particulari, dico come si vede oggi questo principe felicitare, e domani ruinare, sanza averli veduto mutare natura o qualità alcuna: il che credo che nasca, prima, dalle cagioni che si sono lungamente per lo adrieto discorse, cioè che quel principe che s'appoggia tutto in sulla fortuna, rovina, come quella varia. Credo, ancora, che sia felice quello che riscontra el modo del procedere suo con le qualità de' tempi; e similmente sia infelice quello che con il procedere suo si discordano e' tempi. Perché si vede li uomini, nelle cose che li 'nducano al fine, quale ciascuno ha innanzi, cioè glorie e ricchezze, procedervi variamente: l'uno con respetto, l'altro con impeto; l'uno per violenzia, l'altro con arte; l'uno per pazienzia, l'altro con il suo contrario: e ciascuno con questi diversi modi vi può pervenire. Vedesi ancora dua respettivi, l'uno pervenire al suo disegno, l'altro no; e similmente dua egualmente felicitare con dua diversi studii, sendo l'uno respettivo e l'altro impetuoso: il che non nasce da altro, se non dalla qualità de' tempi, che si conformano o no col procedere loro. Di qui nasce quello ho detto, che dua, diversamente operando, sortiscano el medesimo effetto; e dua egualmente operando, l'uno si conduce al suo fine, e l'altro no. Da questo ancora depende la variazione del bene: perché, se uno che si governa con respetti e pazienzia, e' tempi e le cose girono in modo che il governo suo sia buono, e' viene felicitando; ma, se e' tempi e le cose si mutano, rovina, perché non muta modo di procedere. Né si truova uomo sí prudente che si sappi accomodare a questo; sí perché non si può deviare da quello a che la natura l'inclina; sí etiam perché, avendo sempre uno prosperato camminando per una via, non si può persuadere partirsi da quella. E però lo uomo respettivo, quando elli è tempo di venire allo impeto, non lo sa fare; donde rovina: ché, se si mutassi di natura con li tempi e con le cose, non si muterebbe fortuna.

Papa Iulio II procedé in ogni sua cosa impetuosamente; e trovò tanto e' tempi e le cose conforme a quello suo modo di procedere, che sempre sortí felice fine. Considerate la   prima impresa che fe' di Bologna, vivendo ancora messer Giovanni Bentivogli. Viniziani non se ne contentavono; el re di Spagna, quel medesimo; con Francia aveva ragionamenti di tale impresa; e non di manco, con la sua ferocia et impeto, si mosse personalmente a quella espedizione. La quale mossa fece stare sospesi e fermi Spagna e Viniziani, quelli per paura, e quell'altro per il desiderio aveva di recuperare tutto el regno di Napoli; e dall'altro canto si tirò drieto el re di Francia, perché, vedutolo quel re mosso, e desiderando farselo amico per abbassare Viniziani, iudicò non poterli negare le sua gente sanza iniuriarlo manifestamente. Condusse, adunque, Iulio, con la sua mossa impetuosa, quello che mai altro pontefice, con tutta la umana prudenza, arebbe condotto; perché, se elli aspettava di partirsi da Roma con le conclusione ferme e tutte le cose ordinate, come qualunque altro pontefice arebbe fatto, mai li riusciva; perché el re di Francia arebbe avuto mille scuse, e li altri messo mille paure. Io voglio lasciare stare l'altre sue azioni, che tutte sono state simili, e tutte li sono successe bene; e la brevità della vita non li ha lasciato sentire el contrario; perché, se fussino venuti tempi che fussi bisognato procedere con respetti, ne seguiva la sua ruina; né mai arebbe deviato da quelli modi, a' quali la natura lo inclinava.

Concludo, adunque, che, variando la fortuna, e stando li uomini ne' loro modi ostinati, sono felici mentre concordano insieme, e, come discordano, infelici. Io iudico bene questo, che sia meglio essere impetuoso che respettivo; perché la fortuna è donna, et è necessario, volendola tenere sotto, batterla et urtarla. E si vede che la si lascia più vincere da questi, che da quelli che freddamente procedano. E però sempre, come donna, è amica de' giovani, perché sono meno respettivi, più feroci e con più audacia la comandano.

Capitolo 26

Exhortatio ad capessendam Italiam in libertatemque a barbaris vindicandam. [Esortazione a pigliare la Italia e liberarla dalle mani de' barbari]

Considerato, adunque, tutte le cose di sopra discorse, e pensando meco medesimo se, in Italia al presente, correvano tempi da onorare uno nuovo principe, e se ci era materia che dessi occasione a uno prudente e virtuoso di introdurvi forma che facessi onore a lui e bene alla università delli uomini di quella, mi pare corrino tante cose in benefizio d'uno principe nuovo, che io non so qual mai tempo fussi più atto a questo. E se, come io dissi, era necessario, volendo vedere la virtù di Moisè, che il populo d'Isdrael fussi stiavo in Egitto, et a conoscere la grandezza dello animo di Ciro, ch'e' Persi fussino oppressati da' Medi e la eccellenzia di Teseo, che li Ateniensi fussino dispersi; cosí al presente, volendo conoscere la virtù d'uno spirito italiano, era necessario che la Italia si riducessi nel termine che ell'è di presente, e che la fussi più stiava che li Ebrei, più serva ch'e' Persi, più dispersa che li Ateniensi, sanza capo, sanza ordine; battuta, spogliata, lacera, corsa, et avessi sopportato d'ogni sorte ruina. E benché fino a qui si sia mostro qualche spiraculo in qualcuno, da potere iudicare che fussi ordinato da Dio per sua redenzione, tamen si è visto da poi come, nel più alto corso delle azioni sua, è stato dalla fortuna reprobato. In modo che, rimasa sanza vita, espetta qual possa esser quello che sani le sue ferite, e ponga fine a' sacchi di Lombardia, alle taglie del Reame e di Toscana, e la guarisca di quelle sue piaghe già per lungo tempo infistolite. Vedesi come la prega Dio, che le mandi qualcuno che la redima da queste crudeltà et insolenzie barbare. Vedesi ancora tutta pronta e disposta a seguire una bandiera, pur che ci sia uno che la pigli. Né ci   si vede, al presente in quale lei possa più sperare che nella illustre casa vostra, quale con la sua fortuna e virtù, favorita da Dio e dalla Chiesia, della quale è ora principe, possa farsi capo di questa redenzione. Il che non fia molto difficile, se vi recherete innanzi le azioni e vita dei soprannominati. E benché quelli uomini sieno rari e maravigliosi, non di manco furono uomini, et ebbe ciascuno di loro minore occasione che la presente: perché l'impresa loro non fu più iusta di questa, né più facile, né fu a loro Dio più amico che a voi. Qui è iustizia grande: "*iustum enim est bellum quibus necessarium, et pia arma ubi nulla nisi in armis spes est*". Qui è disposizione grandissima; né può essere, dove è grande disposizione, grande difficultà, pur che quella pigli delli ordini di coloro che io ho proposti per mira. Oltre a questo, qui si veggano estraordinarii sanza esemplo condotti da Dio: el mare s'è aperto; una nube vi ha scòrto el cammino; la pietra ha versato acqua; qui è piovuto la manna; ogni cosa è concorsa nella vostra grandezza. El rimanente dovete fare voi. Dio non vuole fare ogni cosa, per non ci tòrre el libero arbitrio e parte di quella gloria che tocca a noi.

E non è maraviglia se alcuno de' prenominati Italiani non ha possuto fare quello che si può sperare facci la illustre casa vostra, e se, in tante revoluzioni di Italia e in tanti maneggi di guerra, e' pare sempre che in quella la virtù militare sia spenta. Questo nasce, che li ordini antichi di essa non erano buoni e non ci è suto alcuno che abbi saputo trovare de' nuovi: e veruna cosa fa tanto onore a uno uomo che di nuovo surga, quanto fa le nuove legge e li nuovi ordini trovati da lui. Queste cose, quando sono bene fondate e abbino in loro grandezza, lo fanno reverendo e mirabile: et in Italia non manca materia da introdurvi ogni forma. Qui è virtù grande nelle membra, quando non la mancassi ne' capi. Specchiatevi ne' duelli e ne' congressi de' pochi, quanto li Italiani sieno superiori con le forze, con la destrezza, con lo ingegno. Ma, come si viene alli eserciti, non compariscono. E tutto procede dalla debolezza de' capi; perché quelli che sanno non sono obediti, et a ciascuno pare di sapere, non ci sendo fino a qui alcuno che si sia saputo rilevare, e per virtù e per fortuna, che li altri cedino. Di qui nasce che, in tanto tempo, in tante guerre fatte ne' passati venti anni, quando elli è stato uno esercito tutto italiano, sempre ha fatto mala pruova. Di che è testimone prima el Taro, di poi Alessandria, Capua, Genova, Vailà, Bologna, Mestri.

Volendo dunque la illustre casa vostra seguitare quelli eccellenti uomini che redimirno le provincie loro, è necessario, innanzi a tutte le altre cose, come vero fondamento d'ogni impresa, provvedersi d'arme proprie; perché non si può avere né più fidi, né più veri, né migliori soldati. E, benché ciascuno di essi sia buono, tutti insieme diventeranno migliori, quando si vedranno comandare dal loro principe e da quello onorare et intrattenere. È necessario, per tanto, prepararsi a queste arme, per potere con la virtù italica defendersi dalli esterni. E, benché la fanteria svizzera e spagnola sia esistimata terribile, non di meno in ambo dua è difetto, per il quale uno ordine terzo potrebbe non solamente opporsi loro ma confidare di superarli. Perché li Spagnoli non possono sostenere e' cavalli, e li Svizzeri hanno ad avere paura de' fanti, quando li riscontrino nel combattere ostinati come loro. Donde si è veduto e vedrassi per esperienzia, li Spagnoli non potere sostenere una cavalleria franzese, e li Svizzeri essere rovinati da una fanteria spagnola. E, benché di questo ultimo non se ne sia visto intera esperienzia, tamen se ne è veduto uno saggio nella giornata di Ravenna, quando le fanterie spagnole si affrontorono con le battaglie todesche le quali servono el medesimo ordine che le svizzere: dove li Spagnoli, con la agilità del corpo et aiuto de' loro brocchieri, erano intrati, tra le picche loro sotto, e stavano securi ad offenderli sanza che Todeschi vi avessino remedio; e, se non fussi la cavalleria che li urtò, li arebbano consumati tutti. Puossi, adunque, conosciuto el defetto dell'una e dell'altra di queste fanterie, ordinarne una di nuovo, la quale resista a' cavalli e non abbia paura de' fanti: il che farà la generazione delle armi e la variazione delli ordini. E queste sono di quelle cose che, di nuovo ordinate, dànno reputazione e grandezza a uno principe nuovo.

Non si debba, adunque, lasciare passare questa occasione, acciò che l'Italia, dopo tanto tempo, vegga uno suo redentore. Né posso esprimere con quale amore e' fussi ricevuto in tutte quelle provincie che hanno patito per queste illuvioni esterne; con che sete di vendetta, con che ostinata fede, con che pietà, con che lacrime. Quali porte se li serrerebbano? quali populi li negherebbano la obedienza? quale invidia se li opporrebbe?

quale Italiano li negherebbe l'ossequio? A ognuno puzza questo
barbaro dominio. Pigli, adunque, la illustre casa vostra questo
assunto con quello animo e con quella speranza che si pigliano
le imprese iuste; acciò che, sotto la sua insegna, e questa patria ne sia nobilitata, e, sotto li sua auspizi, si verifichi quel detto del Petrarca:

Virtù contro a furore
Prenderà l'arme, e fia el combatter corto;
Ché l'antico valore
Nell'italici cor non è ancor morto.